淡定的智慧

弘一大師的處世心法，活出安然自得的人生

弘一大師〔原典〕

慶裕——整理

目次

03 放下就是擁有

04 培育一顆清透心

05 心不動更淡定

06

勇者從容，智者淡定

07

讓精神更豐盈

08

淡定在捨得之間

09 淡定地向前走

10 智慧在高處，淡定在內心

前言

佛祖拈花的手指，打動了無數人的心，迦葉使者那會心的一笑，笑得那麼自然、那麼恰到好處，讓人領悟到什麼是真正的大徹大悟、超凡脫俗。

弘一大師出家前名叫李叔同。皈依佛門之前，他在文學、律學等各方面都頗有造詣。人生總是充滿「但是」，一個轉折讓悟性極高的李叔同出家歸隱。從此李叔同已死，佛門多了一位修為甚高的弘一大師。大師修行，修得了一份淡定與超然。我們羨慕這份淡定，我們追求這種超然。

我們每天都在車流人海中奔忙，匆匆的腳步中，誰又知道誰的心事；默然的表情中，誰又理解誰的境遇。每個人都感覺自己過得辛苦，每個人都有一份不如意放在心頭揮之不去。我們被擔心、恐懼、失望、思念等無數種情感糾纏著，沒有一刻能享受內心的那份純淨和質樸。其實，人生也是一場修行，修得一顆清淨心，人生便多了一份從容。

春風得意馬蹄急的大好前途中，你的內心是否被那種得意之情迷醉？苦苦掙扎力求上進的過程中，你是否疲乏到需要休息？平靜如水的外表下，你是否正陷於一份無法擺脫的情感糾結中？美酒鮮花的環繞中，你是否正被孤獨寂寞所困？

在這紛紛擾擾的人生路上，每個人都需要一個溫暖的懷抱，需要那種祥和安靜的理解與包容。然而生活沒有那麼理想化，能帶給你這種祥和安靜的只有你自己。修一顆淡定心，內心便多了一份平和。

與其在誘惑中辨錯了方向，在名利相爭中離內心越來越遠，我們倒不如駐足片刻，調整好呼吸，聆聽自己真實的內心，只有這樣，你才會更淡定，才能讓內心清澈如初，生命才能重新調整平衡。讓生命回歸平衡，是一種解脫生活桎梏的大智慧。

淡定是心靈的修煉，是人生的境界和智慧。勇者從容，智者淡定，越是真正有內涵和能力的人，越是低調、沉著、淡定從容。

淡定的智慧就像禪的修行，這種修行讓一切回歸內心，讓人寵辱不驚。本書的文字中滲透著弘一大師的風骨和智慧，讓浮躁中的人們學會放下，告訴人們一切順其自然，便能寧靜致遠。讓人們從淡定中滋養心靈，從智慧中昇華人生。

凡例

本書引述之原典，主要為以下幾類：

1. 弘一大師摘選自各佛經、佛家格言，編輯而成的精華語錄《晚晴集》。見第1至6章。且各篇多收錄淨空法師對《晚晴集》的講述摘要（於一九九三年春季在美國達拉斯淨宗學會演講）。
2. 弘一大師依清代金纓《格言聯璧》為基礎，編輯改寫而成的《格言別錄》。見第7章。
3. 弘一大師的其他專文、講演錄。見第8至10章。

01 回歸靈魂的清澈

生活中的我們常常在浮躁中丟失了自己，在誘惑中辨錯了方向，
在名利相爭中離內心越來越遠……
與其茫然四顧，不如在紛擾的人生路上駐足片刻，
調整好呼吸，聆聽自己真實的內心，只有這樣，你才會更淡定，
才能讓內心清澈如初，生命才能重新調整平衡。

做真實的自己

敢於順從內心的人是真實的，敢於承認錯誤的人是勇敢的，有一顆真實而勇敢的心，你才是真正的自己。

弘一大師曾以《金剛三昧經》指點眾人：「若失本心，即當懺悔。懺悔之法，是為清涼。」（《晚晴集》1）

淨空法師講述摘要

本心即禪宗講的真如本性，教下講的菩提心，《大乘起信論》講的直心、深心、大悲心，《觀經》講的至誠心、深心、回向發願心，儒家講的誠意、正心。大乘佛法通常講的四弘誓願、六度——布施心、持戒心、忍辱心、精進心、禪定心、般若心，這都是大乘菩薩的本心。淨宗所講的清淨心、平等心、覺心是本心。就淨宗總括來說就是一句阿彌陀佛心。這個心要是失掉，立刻就要懺悔。真心悔改，心地即清涼。

懺悔不是叫你天天想已做的事，這個錯了，那個錯了，如再這樣想就是再造罪，每想一次即再造一次。已做的過失知道了，以後不再做，叫懺悔。

如果要獲得內心的清涼，回歸真實的本性，做真實的自己，除了懺悔外，還要懂得原諒，不懂得原諒的人總是糾纏於一些小事，從而錯失了自己的本性。

朱友峰是一位虔誠的居士，為了趕到大佛寺參加早課，天剛破曉，他就捧著鮮花及供果趕到了寺院，可是剛踏進院門就與迎面而來的香客撞了個滿懷，鮮花和水果散了一地。

朱友峰看著散落在地的東西，心疼地說：「是誰這麼冒失，撞翻了我的供品，一定要給我一個交代。」

香客看著盛怒的朱友峰說：「我又不是故意的，幹嘛那麼凶巴巴的！」

朱友峰見對方絲毫沒有道歉的意思，於是提高了嗓門說：「你的態度太氣人了，今天沒有個說法別想離開。」

於是，他們爭吵起來，後來甚至相互謾罵。

爭吵之聲驚動了廣圄禪師。於是禪師循聲找到了他們，並問起爭吵的緣故。

聽完他們的講述後，廣圄禪師解勸道：「莽撞自然不應該，但是不接受道歉同樣不對，能夠相互包容對方的過失，尋找自己的缺點並誠心接受別人的道歉，才是智者的舉止。」

原諒是善的本心，居士與香客爭吵，兩人都錯失了本心。

淡定小語

居士與香客的爭執沒有任何意義，只是讓他們的心境更加繁雜，離真實的自己越來越遠。如失本心，當即刻懺悔，內心沒有繁雜才會清涼，清涼之心才能保持堅定，我們才找得到真實的自己。

跟隨內心的感覺

當我們面臨多重選擇時，總是左右衡量，反覆對比。其實當你權衡不下時，必定是在為取捨而煩惱，然而真正剔除煩惱的根本就是跟著自己內心的感覺走，只有這樣，你才選擇了心靈的寧靜，這就是你真正想要的東西。

弘一大師曾以《華嚴經．普賢行願品》作開示：「菩薩若能隨順眾生，則為隨順供養諸佛。若於眾生尊重承事，則為尊重承事如來。若令眾生生歡喜者，則令一切如來歡喜。」（《晚晴集》2）

淨空法師講述摘要

泥塑木雕的佛菩薩像有象徵意義，能啟發我們的本性：見到佛，我們知道要尊重佛。如《華嚴經》說：「一切眾生本來是佛。」《無量壽經》也說：「一切皆成佛。」所以我們隨順、供養、尊重承事一切眾生，也就等於是隨順供養、尊重承事諸佛。

由此延伸出一個問題：假如有個人無惡不作，思想行為都違逆本性，也要隨順嗎？佛在世時弟子們已經請示過，佛說不可以隨順。善行善事應隨順，惡行惡事不隨順。見其作惡，以真誠慈悲心勸導之，如其不聽即隨他去，不再說，佛法稱為「默擯」；也不記在心裡，維持內心清淨。

曾經有一個小沙彌問無名禪師：「大師，您曾經教導我們要慈愛，普度眾生，如果是大惡之人，那麼還要超度他嗎？」

禪師什麼也沒有說，只是拿起筆在紙上寫了一個「我」字，並故意將字寫的正反顛倒。他指著字問小沙彌：「你看看，這是什麼？」

小沙彌看了看說：「這是個字，只是字寫反了。」

無名禪師問道：「這是一個什麼字？」

小沙彌說：「這是一個『我』字。」

無名禪師繼續問：「那麼這個寫反的『我』字到底算不算字呢？」

小沙彌想了想說：「不算字。」

無名禪師繼續追問：「那既然不算字，又為什麼說是個『我』字呢？」

小沙彌愣在那裡，不知該如何作答。

無名禪師說：「正寫是字，反寫也是字，你認得它是反寫的『我』字，是因你心裡認得那是反寫的『我』字。相反，如果是你原本不認識的字，就算是我寫反了，你也無法辨認出來，只怕別人告訴你的其實是反寫的『我』，再遇到正寫的，你倒要說是反寫的了。」

小沙彌若有所思地點了點頭。

無名禪師接著說道：「同樣的道理，好人是人，壞人也是人，最重要的是你要認得人的本性。當你認得惡人的時候，依然會立刻分辨出他的善惡，並喚出他的『本性』，本性明瞭，就不難普度了。」

淡定小語

禪的藝術是表達平等的精神，宇宙平等，一切事理平等。善人要度，惡人也要度，我們要平等地對待他們，越是惡人，越要拿出慈愛來感化他們醒悟，讓他們棄惡從善，得到解脫。當然，如果惡人惡事一時難度，且隨他而去，有一天他將行至邊緣，那個時候，你的度化將從他心中閃現。

佛度人，是度人心，心念轉則行為轉，只有跟隨內心的感覺，人們才能找到真正的自己。

讓心靈不迷失

怨起於心，結於心，所以當了於心。以一種低姿態與那些惹你煩惱的人擦身而過，抬手相讓只為求一份簡單，不要沉迷於那些繁雜小事而忘了自己真正想要什麼，不要迷失了一路走來的方向。

弘一大師引《大方廣佛花嚴經修慈分》來提點善友：「我若多瞋及怨結者，十方現在諸佛世尊皆應見我，當作是念：云何此人欲求菩提而生瞋恚及以怨結？此愚癡人，以瞋恨故，於自諸苦不能解脫，何由能救一切眾生？」（《晚晴集》3）

淨空法師講述摘要

瞋恚是三毒之根，起了瞋恚心必與眾生結怨。平時對人對事對物常犯此病，必須深自悔責。為什麼自己智慧不開，工夫不得力沒有進步，其主要原因即是貪瞋癡未斷。

《華嚴》是佛對法身大士所說，菩薩立志存心是自度度他，如還有瞋恚，結怨於人，則自度度他的目標就達不到了。佛菩薩對於多瞋的人在想，此人欲求菩提為什麼還會生瞋恚心與人結怨？這與他的心願恰恰顛倒，有瞋恚即不能斷煩惱，也不能證解脫得自在。

有一個小和尚最近感覺異常苦惱，因為他覺得師兄師弟們老是在背後說他的壞話，所以即使是在念經的時候內心也煩躁不安。

終於，小和尚再也忍受不了這種痛苦，來向師父哭訴：「師父，師兄師弟們常常說我的壞話，中傷我，不論我走到哪裡，都有人在背後對我指指點點，這讓我無比羞愧。」

師父雙目微閉，輕輕地說：「是你自己說別人的壞話，為什麼賴給師兄師弟呢？」

小和尚一聽，急忙跺著腳說：「師父，我沒有說別人的壞話，是他們胡亂猜忌。」

小和尚不服氣。

「不是他們胡亂猜忌，是你自己胡亂猜忌。」

「他們無中生有。」

「不是他們無中生有，是你自己無中生有。」

「師父為什麼這麼說？我管的都是自己的事啊！」

「說壞話、亂猜忌、管閒事，那是他們的事，就讓他們說去，與你何干？你不好好念經，領會佛法，老想著他們說壞話，不是你在說壞話嗎？老說他們亂猜忌，不是你在亂猜忌嗎？老說他們管閒事，不是你在管閒事嗎……」

小和尚茅塞頓開。

淡定小語

「世上本無事，庸人自擾之」，所有的煩惱都來自於瞋心未斷。凡人要斷瞋心，就要保持淡定，走自己的路，做自己的事，心如止水，以不動治百動。保持沉默，再大的譭謗和中傷都會不攻自破。瞋心不起，心靈就不會迷失，這是大智慧。

心開闊你才從容

人們常常開玩笑說，別用別人的錯誤懲罰自己，然而我們還是很在意。我們會對某些人恨之入骨，其實這種恨是對自己的束縛，你恨他與否對他並無影響，但恨卻在你心裡，所以剔除對別人的恨實際上是剔除自己心中的恨。沒有恨心境才開闊，心境越開闊你就越從容。

弘一大師自入佛門以來，把一切眾生都看作佛，他以〈念佛三昧寶王論〉所引述的，《首楞嚴三昧經》中的迦葉白佛之言來教化世人：「我等從今，當於一切眾生，生世尊想。若生輕心，則為自傷。」（《晚晴集》4）

淨空法師講述摘要

心中有佛性，眾生皆為佛，其效果生平等心。有人問我如何修平等心，我說你家裡一定有佛堂供有佛像，把你最恨的人寫一長生牌位供在佛像旁邊，每天香花供養他如佛。他說這樣不行，我見到他就討厭。此乃工夫不夠，應再用功修，幾時見到此人不覺討厭，還要尊敬他，自他平等，心就清淨了。清淨、平等、覺是三而一，一而三，一個得到了，其餘兩個也得到了。

宋代大文豪蘇東坡，堪稱中國文壇上的奇葩。他有一個相知甚篤的方外之交，名叫佛印。平日裡，二人在佛學、文學上總會相互切磋，所以難免會發生爭執，但每次都是佛印占上風，蘇東坡心裡自然不是滋味，在心裡暗暗尋思，想讓佛印下不了臺。

一天，蘇東坡和佛印相對坐禪，蘇東坡計上心頭，問佛印：「你看我坐禪的姿勢像什麼？」

佛印神情嚴肅地答道：「像一尊佛。」蘇東坡聽了之後暗自竊喜。之後，佛印反問蘇東坡：「那你看我的坐姿像什麼？」

蘇東坡毫不猶豫地脫口而答：「一堆牛糞！」佛印微微一笑，雙手合十，念了一聲：「阿彌陀佛！」

蘇東坡回家後，很得意地向妹妹蘇小妹炫耀今天發生的事情。蘇小妹聽完原委後，不以為然地說：「哥哥！你今天輸得最慘！因為佛印六根清淨，心中全是佛，所以眾生在他眼裡皆是佛，而你卻恰恰相反，因為心中有汙穢，所以才把佛印看成是牛糞。」

聽完蘇小妹的此番話，蘇東坡羞愧不已。

淡定小語

腳下的地勢不同，眼界就會不一樣，有些人總是夜郎自大，看不到自己的缺點。強中自有強中手，在現實生活中千萬別像故事中的蘇軾一樣，把輸贏看得太重。有人跟你爭執，你就讓他贏，這個贏跟輸，只是眼界的不同而已。

修煉心境的通達

絲毫必爭，己對人錯，是很多人對某些事情的第一反應。人只有大氣才能達到心境通達，心境通達是一種通透的智慧，能讓你擺脫心靈的束縛。何必在乎別人怎麼看？何必去跟別人解釋你為何代人受過？修煉心境就是修煉人生。

弘一大師在和善友們溝通時，一向主張多審視自己的言行。他引述《梵網經》的經文：「應代一切眾生受加毀辱。惡事向自己，好事與他人。」（《晚晴集》5）

淨空法師講述摘要

學做菩薩有一個很重要的條件，要能承受代眾人之毀辱。一切過錯自己承擔，好事讓與別人，可以消除我們無始劫以來的貪瞋罪業，這與世間人恰好相反。如非真正覺悟，很難做到，一定要在日常生活中鍛鍊。

事實上生活中有些人是本著這個原則去做的，但有時缺乏修為，無法堅持到最後。

有一位紳士，急著去處理一些事情，但是在途經一座獨木橋時遇到了麻煩。

到了獨木橋之後，紳士剛上橋走了幾步，就看到橋的對面來了一個孕婦。於是紳士很禮貌地退了回來。

孕婦過了橋後，紳士再次上橋，急忙向對岸趕去，但是走到橋中央時，一個挑著兩大擔柴火的樵夫匆忙地迎面走來，紳士什麼也沒說，又退了回來，讓樵夫過了橋。

有了這兩次的經歷，紳士在上橋之前，等了幾分鐘，橋對面確實沒有人時，才又上了橋。上橋之後，紳士迅速地向橋對面趕去，眼看著馬上就要過橋了，誰知這時候，橋對面趕來了一位推著獨輪車的農夫。

紳士覺得自己馬上就要過橋了，而且已經讓過兩個人了，不應該再讓了，於是摘下帽子，非常有禮貌地向農夫說道：「尊敬的先生，你看我馬上就要下橋了，能不能先讓我過去呢？」

農夫生氣地說：「難道你沒有看到嗎，我正急著去市集呢！」兩人協商不成，於是爭吵起來。

這時候，河上駛來了一葉小舟，舟上坐著一個胖和尚，於是二人同時叫住和尚，讓和尚來評評理。

和尚兩手一合，看了看農夫問道：「你真的那麼著急過橋嗎？」

農夫說：「我真的很著急，晚了怕趕不上市集了。」

和尚說道：「既然你那麼著急趕時間，為什麼不給紳士讓一下路呢？只要你稍微讓一下，紳士過去了，你不就可以早點到市集了嗎？」

農夫無話可說，但還是不願意讓路。這時，和尚對紳士說：「你為什麼要農夫讓路給你呢，僅僅是因為你快到橋頭了嗎？」

紳士感覺到非常委屈，辯解道：「在此之前，我已經給兩個人讓過路了，如果這樣一直讓下去的話，我可能永遠也過不了橋。」

和尚反問道：「那你現在過去了嗎？你既然給那麼多人讓了路，給農夫再讓一次又何妨呢，既然過不了橋，至少應該保持紳士風度啊，你何樂而不為呢？」紳士聽了，慚愧地低下了頭。

淡定小語

其實在生活中，我們讓一讓別人又有何妨呢？做人不能太自私，如果總是從自己的觀點出發，不去考慮別人的感受，人與人之間永遠都不可能和解。為人處事，不要看別人的罪惡和過錯，要多審視自己的言行。

專注真正的價值

對不同的人來說，貪心的輕重也不相同。很多失敗在貪念初起時就已經注定，所以去除貪心是為了讓內心更純淨，當內心越純淨、目標越明確，想要的真正價值——無論是精神上還是物質上的，都將來到面前。

弘一大師在講佛時提到貪字，用《理趣六波羅蜜多經》中的話告誡人們：「離貪嫉者能淨心中貪欲雲翳，猶如夜月，眾星圍繞。」（《晚晴集》6）

淨空法師講述摘要

一切眾生大的煩惱是貪瞋，嫉妒是瞋恚之一分。佛在一切經論中，常常勸我們把貪瞋癡三毒煩惱斷掉，這是修行的根本。心中有三毒才遇到外面的毒害，假如心中無三毒，喝毒藥如飲甘露，因心內無毒，它不起作用。

佛家擅長以故事讓人領悟佛法勸誡，對於貪婪，讓我們跟隨大師的指點，一起來看看貪心的結果如何：

有一個年輕人，頗有些才華，對各類技藝都有涉獵，但是真正的學業卻一塌糊塗，一直沒有太大的長進。

萬般無奈之下，他去請求禪師為他指點迷津。

禪師聽完他的講述後，微笑著說：「施主路上辛苦了，我安排人為你準備齋飯吧！」

禪師吩咐人在桌上擺滿各種不同花樣的齋飯，而且很多是年輕人未曾見過的。開始用齋後，年輕人揮動著筷子想嚐盡每一道菜的味道，所以用齋完畢後，他吃得非常飽，甚至有一些腹脹。

飯後禪師問他：「你都吃出了什麼味道？」

年輕人摸了摸肚子，很為難地說：「百種滋味都有，我已經無法分辨，只覺得肚子撐脹。」

禪師笑了笑，又問：「那你現在是否舒服呢？是否滿足了呢？」

年輕人回答道：「現在我很難受。」

禪師笑了笑，不再說話。

第二天一早，禪師帶著年輕人一同去登山。當他們爬到半山腰的時候，年輕人發現那裡有很多稀奇的小石頭，於是一邊走，一邊把自己喜歡的石頭放入口袋中。很快，他的袋子便被裝得滿滿的，他已經背不動了，但是又捨不得丟掉。

禪師看到他氣喘吁吁的樣子，生氣地說：「該放下了，你背這麼重的東西，怎麼能登到山頂呢？」

年輕人望著那未曾到過的山頂，頓時徹悟，立即拋下袋子，邁著輕盈的步伐繼續前進。

淡定小語

人生在世，要學會遠離執著，學會不貪戀，生活才更加輕鬆。就像是當夜空沒有浮雲，就可以清清楚楚地看到月亮星星，人只要離開貪嫉，那麼便心中清淨，見事不迷。

修一顆清淨心

欲望是人的一種自然之性，也是最大的誘惑。兒女情長的欲望讓人承受心智的折磨，金錢利益的欲望讓人迷失原有的銳利。無欲則剛，修一顆清淨無欲之心，情感便能坦然，利益才可長久。

弘一大師引述《大寶積經‧富樓那會》之言來論生死：「生死不斷絕，貪欲嗜味故，養怨入丘塚，虛受諸辛苦。」（《晚晴集》7）

淨空法師講述摘要

生死是大事，能真正知道了生死才算是一個覺悟的人，如不知了生死，學任何法門都脫離不了輪迴。

貪是貪愛，欲是欲望，嗜是嗜好。我們生生世世都在修行而沒有能出三界，仍在輪迴，就是因為貪欲嗜味。若不離開，如養冤家，一生修行全落空。這個偈子就是我們生生世世的寫照，始終沒有離開辛苦。

慧遠禪師的修行之路便無求無欲，非常專注。慧遠禪師年輕時喜歡四處雲遊，二十歲那年，在行腳途中，他遇到了一位嗜菸的路人，兩個人結伴走了很長一段山路。在休息的過程中，那位路人送給了慧遠禪師一袋菸，慧遠禪師非常高興，欣然接受了路人的饋贈。後來，他們談得很投機，那人便送給他一根菸管和一些菸草。

與路人分開之後，慧遠禪師心想：「這個東西實在令人舒服，肯定會打擾我禪定，時間長了的話，一定會養成壞習慣，所以還是趁早戒掉的好。」於是就把路人送給他的菸管和菸草悄悄放到了路旁。

過了幾年，慧遠禪師又迷上了研究《易經》。那個時候剛好是冬季，天氣非常寒冷，他給師父寫信，索取一些禦寒的衣服，但是冬天都已經過去了，他仍舊沒有收到師父寄來的衣服。於是，慧遠禪師便用《易經》為自己算了一卦，結果得知那封信根本沒有送到師父手裡。

慧遠禪師心想：「《易經》占卜這麼準確，如果我沉迷於此，又怎麼可能全心全意地參禪呢？」之後，他便放棄了對《易經》的研究。

後來，慧遠禪師又迷上了書法和詩歌，每天鑽研，小有所成，竟然博得了幾位書法家和詩人的讚賞。但是他仔細一想：「我又偏離了自己的正道，再這樣下去，我很有可能成為一名書法家或詩人，而不是一位禪師。」

從那以後，慧遠禪師不再舞文弄墨、習字賦詩，而且放棄了一切與禪無關的東西，一心參悟，終於成為了一代著名的禪宗大師。

淡定小語

欲望可以是推動人們向上的力量，也可以成為主宰人們墮落的源頭，所以，一定要克制自己，不要為欲望所驅使。這樣內心才能更清淨，才能更致力於成就自我的追求。

讓心不發怒

性情是一種修養和內涵，人的修養越高，就越淡定從容，也就不會輕易發作。發脾氣是一種情緒的發洩，發洩情緒並不能真正解決問題，反而阻礙了真正的智慧，所以，想要不失智慧，就要提高境界，保持理性。

弘一大師以《佛遺教經》教化世人不發怒：「瞋恚之害則破諸善法，壞好名聞，今世後世，人不喜見。」（《晚晴集》9）

淨空法師講述摘要

佛門中說：「一念瞋心起，百萬障門開。」又說：「火燒功德林。」火為瞋恚之火，一發脾氣，功德就沒有了。功德與福德不同，功德是定慧，一發脾氣，定就失掉了，跟著慧也沒有了。福德不會失掉。名聞是榮譽，為社會大眾所尊重讚嘆者，雖有好名聞，也會被瞋恚所破壞，因為人不喜見也。

佛家教化世人不要有瞋恚之心的故事也頗為多見。白隱禪師是日本江戶時代有名的禪僧，從不追逐名利，終生住在鄉下的小廟裡，以著作和說法來度化眾生，培養出了很多名僧，如東嶺圓慈、峨山慈棹。

一次，一個武士慕名前去拜訪白隱禪師，見了面後，武士恭敬地問白隱：「禪師，你所描述的地獄和極樂之說到底是真實的呢，還是憑空虛構的呢？如果是真實存在的，能否帶我參觀一下呢？」

白隱禪師聽後，沉默了幾分鐘，突然破口大罵，而且用語極其惡毒。

對於這種突發狀況，武士非常震驚，沒有想到一向德高望重的白隱禪師竟如此粗俗，但他還是以一個武士應有的修養克制著自己內心的怒火。

但是，白隱禪師似乎沒有停下來的意思，而且越來越過分，甚至嘲弄武士的劍連隻老鼠都砍不死。

武士終於忍無可忍，拔出腰裡的佩劍刺向白隱禪師，並罵道：「你真是豈有此理，我誠懇地來求教，你怎麼可以出口傷人，如此羞辱我呢？」

殺氣騰騰的武士用劍尖指著禪師的鼻子，一步步把禪師逼到了角落裡。白隱禪師退到柱子後面，面不改色地說：「你不是要我帶你參觀地獄嗎？現在你不是已經看到了嗎？這就是地獄。」

聽了白隱禪師的話後，武士一愣，察覺到自己的失態，明白了禪師的良苦用心，連忙扔掉劍，跪在地上道歉：「對不起，禪師！剛才是我魯莽失態了！請你原諒。」

白隱禪師微微一笑，說道：「這就是極樂！感覺到了吧！」

事實上極樂世界和地獄就在每個人的心裡，一念之間，你可以身處極樂世界也可以身處地獄，關鍵是看你怎麼對待人生。

淡定小語

如果處處忍耐克制，消除自己瞋恚的劣根，善待他人，與人和睦相處，我們生活的世界就是極樂；如果斤斤計較，事事與人為難，爾虞我詐，相互攻擊陷害，我們的世界就只能是地獄。所以，我們一定要以一顆善良的心來面對世界。

02

更堅定
才能更從容

人生充滿誘惑，金錢、權勢、美色等等，無一不在向我們招手。
面對種種誘惑，在選擇之前我們應該想好自己要的是什麼。
目標越堅定，步履越從容。

坦然才能恰到好處

一切事情，無論對錯，只要過去了就不要背負精神的重擔。坦然地面對困境，人就會更理智；坦率地面對朋友，路就會更開闊；坦誠地面對過去，你就會更睿智。

弘一大師引述《佛遺教經》鼓勵人少欲無憂：「行少欲者，心則坦然，無所憂畏，觸事有餘，常無不足。」（《晚晴集》10）

淨空法師講述摘要

人生在世都希望有一個幸福快樂的生活，然而幸福快樂由哪裡來呢？絕不是由修福而來，今天的富貴人或高官厚祿者，他們日日營求，一天到晚愁眉苦臉，並不快樂。修福只能說財用不虞匱乏，修道才能得到真幸福。少欲知足是道，欲是五欲六塵。……無憂無慮，沒有牽掛，所謂心安理得，道理明白，事實真相清楚，心就安了。六根接觸，六塵境界不迷，處世待人接物恰到好處，自然快樂。

一般來說，做事情和看待一件事情的不同想法和觀點，決定了人與人內心想法的不同。來看看這師徒二人的迥異想法吧：

一天，坦山和尚與徒弟在去某地說法的途中遇到了一條小河，河水雖不大，也不湍急，但因為剛下過大雨，河溝泥濘不堪。

師徒二人正準備渡河時，後面來了一位穿著得體、體貌端莊的年輕姑娘。姑娘行色匆匆，好像有急事要辦，但是到了河岸邊後卻面露猶豫之色。

看到這一情景，坦山和尚便上前對姑娘說：「施主，貧僧揹妳過去吧！」

緊跟在他後面的小沙彌聽到坦山和尚的話，心裡不解，嘀咕道：「平日裡師父教導我們，不能接近女色，為什麼今天自己卻犯清規呢？」

小沙彌本想當場問師父，但是又怕惹怒師父，悶悶不樂地跟在師父後面。

很多天過去了，小沙彌還在為當日師父揹姑娘過河的事情冥思苦想。一天，他終於憋不住了，於是問坦山和尚：「師父，您經常教導我們，出家人不可以親近女色，可為什麼前些日子，您卻揹漂亮的女施主過河呢？」

坦山和尚聽了小沙彌的問話，訝異地回答道：「我揹那位女施主過河後，就把她放下了，沒想到你卻把她緊緊揹著，到現在都還沒放下來！」

其實，坦山和尚揹那位姑娘過河，完全是出於善念。他的心裡早就把姑娘的事情放下了，而小沙彌的煩惱，完全是自己找的。所以說人之所以煩惱，之所以不能放下，是因為情執，放下情執，才能活得自在。

淡定小語

弘一大師把放下看做一種內心境界，放不下便飽受折磨，放得下便坦然自若。凡事放得下，是因為沒有欲念；內心沒有欲念，才能不受憂慮所擾，心地坦然；只有心地坦然，才能將一切事情處理得恰到好處。

付出以修得正果

因果關係也就是某種「付出與回報」，善惡終有報，付出會透過相應的形式表達出來。只要你相信因果，並為自己的目標而努力，收穫在你付出的那一刻就已經注定了。

弘一大師對於因果有其見地，曾引述周利槃陀伽者修行故事中的一則佛偈：「身語意業不造惡，不惱世間諸有情，正念觀知欲境空，無益之苦當遠離。」（《晚晴集》11）

淨空法師講述摘要

世尊的弟子中有一位名周利槃陀伽者，根機很鈍，其兄教他讀誦上項偈子，經過三個月之久都背誦不出來，認為不可造就，令其回家，他哭泣不肯去。世尊見到，教他兩句偈，後來他證得羅漢，大開圓解，辯才無礙。世尊說周利槃伽前生是一位三藏法師，會講經說法，但是吝法，教人總要留一手，所以今生得愚癡報。

「身語意」為三業；「不造惡」指不惱害眾生；「正念」，觀察。人生享受五欲六塵與外面境界都是空的，欲屬心法，境屬色法，二皆非實。《金剛經》說：「一切有為法，如夢幻泡影。」叫我們觀想，為什麼不要造惡，不要惱害有情，因為萬法都是空的。緣生體空，而因果不空，造惡必受惡報。另外還叫我們不要修無益的苦行。

對於世人來說，相信因果並非消極認命，而是在確定了目標後，將目標當成一粒種子，想要讓它生根發芽就要給它施肥澆水，有耕種必有收穫，有付出必有回報。

從佛學上來說，法是無影無形的，一切有為法，如夢幻泡影。所以想要求得真法，只需潛心修行，便是真正的付出。唐朝名相裴休，是一位學禪的居士，他曾將自己參禪的心得記錄下來並編印成冊。

有一次，他將自己的書籍呈送給黃檗禪師，希望能得到黃檗禪師的指點。黃檗禪師接過之後，隨手往桌上一扔，許久之後才問裴休：「你能夠懂我的意思嗎？」

裴休誠實地回答：「我不懂大師的意思！」

黃檗禪師便開示道：「『禪』是教外別傳，不設文字的，你把佛法真理寫在這個上面，是扼殺了佛法的真諦，也失去了悟道的真意，所以我才不看。」

裴休聽了以後，對禪更加契入，對黃檗禪師也更加敬重，並作頌贊曰：

自從大士傳心印，額有圓珠七尺身，
掛錫十年棲蜀水，浮杯今日渡漳濱，
八千龍象隨高步，萬里香花結勝因，
擬欲事師為弟子，不知將法示何人？

黃檗禪師看了以後，並沒有任何的評論之意，只道：「心如大海無邊際，口吐紅蓮養病身，自有一雙無事手，不曾只揖等閒人。」

真正的佛法需要潛心修行，認真領悟，不是透過一些簡單的文字就可以詮釋出來的。

淡定小語

有因必有果，有怎樣的付出必有怎樣的收穫。如果苦修善學，愚鈍之人也能成正果；如果只想詮釋禪佛，必然無法到達真境界。人生如修佛，懂得付出，便會修得正果。

心安就是圓滿

人生在世，人們為了自己的理想一路奮鬥，但當你置身於名利場上，面對孰輕孰重的抉擇和金錢的誘惑，一定要做正確的抉擇，求得一份心安。人生即將終結之時，回頭看看自己所做的每一個決定都無愧於心，那將是人生少有的圓滿。

弘一大師引《有部律》之言，論世間的金錢、名利與浮華生活：「名譽及利養，愚人所愛樂，能損害善法，如劍斬人頭。」（《晚晴集》12）

淨空法師講述摘要

自古以來世間人為了名利，不擇手段，不怕因果，造了許多罪惡，此迷惑顛倒之人所喜愛，真正覺悟的人不要。縱然得到也不要，為避免禍害，成全功德，有利與大家享受。仔細想想道理不難明白。人在世間一切享受夠用就行了，衣服夠穿就行了，吃能吃多少？住房能遮避風雨就行了，不必大廈別墅。聰明人應不做糊塗事。

大師對俗世的生活如此評價，是教化世人追求生活上的簡單和內心的圓滿。我們要克制自己，不貪心才能獲得圓滿。

很久很久以前，悉達多太子來到一棵菩提樹下，面向東方，端坐於用吉祥草製作的菩薩座上，並發誓：「如果不成佛道，終不起於此座。」

經過了四十八天的靜思冥想之後，太子終於證得大神通。就在這時，菩薩座所湧現的祥光瑞氣將魔宮遮蔽住了，驚動了魔王波旬。

波旬得知悉達多太子修成了菩薩道，萬分震怒，立刻派出魔兵魔將前去破壞太子的修持。

魔王先派遣了三個妖豔的魔女，企圖用美色來誘惑太子。魔女使盡種種媚態，說盡了甜言蜜語，勸請太子回宮繼承王位，享受榮華富貴，不要在這裡苦苦修行，但是太子始終不為魔女所動。

為了給騷擾他的三個魔女一點教訓，悉達多運用神力將魔女變成了滿臉皺紋、醜陋不堪的老太婆。三個魔女用盡了所有的魔力，仍然無法恢復原貌，於是跪在悉達多太子面前流淚懺悔，懇求太子慈悲救度，還她們美貌。

罪。

得知美人計失敗之後，魔王怒火沖天，親自率領眾多魔兵魔將，前來找太子興師問

太子平靜地對波旬魔王說：「我過去廣修功德，供養無量諸佛聖賢，福德智慧不可思議，並不是波旬你的魔力所能摧毀的！」話音剛落，只聽到轟然巨響，剎那間，魔王應聲倒地。其他魔兵魔將見此情景，一齊下跪，虔誠地對太子求哀懺悔，希望能憫念他們的愚癡無知。太子以慈悲為懷，原諒了他們。

最終，太子經過精心修行，突破了各種考驗，修成正果。

淡定小語

世間人也要禁受得住生活的各種誘惑，堅定自己的信念，加強自己的定力，不要輕易為欲念俘虜。只有堅持住原則，才會使你的道德提升、人格昇華。

不受誘惑心更開闊

一個人要想不受外界誘惑很難，誘惑之所以被稱為誘惑，是因為其本身就具有很大的吸引力，一旦遇到，沒有清醒的心智，理性的思維，很容易陷入其中。如果想拒絕誘惑，就要把心放得遠一些，把目標定的更明確。

弘一大師曾提到智者大師的一句話：「世間色、聲、香、味、觸，常能誑惑一切凡夫，令生愛著。」（《晚晴集》13）

淨空法師講述摘要

「色、聲、香、味、觸」是「五塵」。這都是外面的環境，容易迷惑人，令人生起貪瞋癡慢。

佛在一切經論中，常常提醒我們要修行，行是生活行為，在生活行為中難免發生很多錯誤，修正錯誤的行為謂之修行。五塵都是虛假的，可以受用，不可以愛著。佛菩薩對五欲六塵亦享受，但不執著。

佛祖給弟子解釋禪理的時候，特別擅長透過故事的形式將晦澀的道理變得淺顯易懂，徒弟們也是百聽不厭。一天，佛祖就給徒弟們講了這樣一個故事：

有一個皇帝想在皇宮內修建一座寺廟，於是派人去找技藝高超的設計師和工匠，希望能夠把寺廟修建得華美。

被找來的有兩組人，其中一組由京城裡有名的設計師和工匠組成，另一組則是附近寺院裡的幾個和尚。皇帝有點犯難了，一個是建築的行家，一個是最熟悉廟宇的行家，到底誰建的寺廟會更好呢？於是，皇帝決定讓他們公平競爭。

皇帝要求這兩組人在三天之內，各自去整修一座小寺廟，到時候他會親自驗收。

工匠們向皇帝要了很多顏色的顏料，又要了很多的整修工具；而和尚一組只要了一些抹布和水桶等清潔的工具。

三天之後，皇帝來驗收兩組人員所整修的寺廟。他發現工匠們裝修的寺廟，以非常精美的圖案和巧奪天工的手藝將寺廟裝飾得非常華美，皇帝很滿意地點點頭。

接著，皇帝去看和尚們整修的寺廟。當他看到眼前的景象後整個人都呆了，和尚將寺廟內所有的東西擦拭得乾乾淨淨，使其展示出了它們原來的色彩。那多變的雲彩、隨風搖曳的樹影，甚至是被工匠們裝飾的五顏六色的寺廟，都變成了這座寺廟的一部分，而這座寺廟只是寧靜地接受著這一切。

皇帝在這座寺廟面前站立了許久。當然，勝負也就不言而喻了。

追求外在的浮華是一種誘惑，當用心去沉澱的時候，外在的浮華只不過是跳梁小丑一樣的角色，真正有魅力的是那顆至真至純的心。工匠們追求外表的浮華，是想以精湛的手藝取悅於皇上；而和尚們沒有拘泥於取悅皇上的庸俗心理，而是將心境放得更遠、更純，所以他們才能將寺廟的本來面目呈現於世人。

淡定小語

人們對於追求的目標越是刻意雕琢，離目標便越遠，只有以一顆淡定的心，一份不受任何誘惑的開闊胸襟去追求，才能有最終的美好與收穫。

最精進的智慧

意動則心動，念由心生，心念平和才能智慧過人。越是霸氣十足，越是堅定從容，越應該不為外物所擾。心中時刻記著自己的目標，才是最精進的智慧，才能事業有成。

弘一大師一直教化世人要心念平和，不張揚，不外顯，他借道宣律師之語勸戒眾生：「凡夫學道法，唯可心自知，造次向他道，他即反生誹。諦觀少言說，人重德能成，遠眾近靜處，端坐正思維。」（《晚晴集》15）

淨空法師講述摘要

發心學道，如道業有成，只可自己知道，不必向別人說，說了他未必信，反而生誹謗。……「諦觀」是仔細觀察，少說話。

「端坐正思惟」這句話不能看呆，六祖大師在《壇經》中講「坐禪」並不是打坐。心不動叫「坐」，對五欲六塵不動心謂之「坐」。禪是不著相，外不著相曰「禪」，內不動心曰「坐」。所以《華嚴經》鬻香長者在市場中修，在市場中觀賞，樣樣清楚，樣樣不執著，不起心動念。

石屋禪師在外雲遊說法時，碰到了一位青年男子，暢談之下，不知不覺天色已晚，兩人一同投宿到一家旅店。

半夜，禪師聽見有人在他的屋子裡躡手躡腳地走動，於是問：「天亮了嗎？」

一個青年答道：「還沒有！」

禪師再次開口問道：「你到底是誰？」

對方回答：「小偷。」

石屋禪師道：「喔！你原來是一個小偷，這是第幾次了？」

對方回答：「數不清了。」

石屋禪師問道：「每偷一次，你會快樂多久？」

「那要看偷到的東西的價值了！」對方回答。

石屋禪師又問：「那你的快樂能夠持續多久呢？」

對方回道：「幾天而已，過後仍舊是不快樂。」

石屋禪師說：「哦，原來只是一個鼠賊，為什麼不做一次大的呢？」
對方問：「原來我們是同道中人，你一共做了多少次啊？」
石屋禪師回道：「只有一次而已，但讓我終生受用啊！」
對方急忙問：「在哪裡偷的，能告訴我嗎？」
禪師突然抓住這個青年的胸口問道：「這個你懂嗎？這個是無窮無盡的寶藏，如果你將自己的一生都奉獻給他，畢生受用不盡。」
一語驚醒，青年從此改邪歸正，並且拜石屋禪師為師，後來成為有名的禪者。
很多人就像是故事裡的青年一樣，自心本貯藏著無窮無盡的寶藏而不知道，常因圖一時之快，心念一起便誤入歧途。妄失本性的人又怎麼能夠得到永遠的快樂呢？又怎麼能有真正的收穫呢？

淡定小語

修行的人最要觀察的是，自己的起心動念、所作所為，是否與佛的教誨相應。少發議論，心中自然清淨慈悲。「無知」，也就是古人所謂的大智若愚，只要心中有真實的智慧，持續精進修為，懈怠墮落都能遠離。

不炫耀是大智慧

有些事情，不用解釋，也不用炫耀，成功是屬於你的，美好是屬於你的。如果你擁有著近乎完美的一切，很少有人能不生嫉妒之心。低調和淡定是心智的成熟，是成長後的大智慧。

弘一大師曾引述翠巖禪師韜光養晦的過人智慧：「處眾處獨，宜韜宜晦；若啞若聾，如癡如醉；埋光埋名，養智養慧；隨動隨靜，忘內忘外。」（《晚晴集》16）

淨空法師講述摘要

與大眾相處或獨處絕不能炫耀自己，顯露自己的才華。要做到韜光養晦，必須如癡如聾。修行人不要知名度，人一出名，嫉妒、障礙、陷害、誹謗全來了。培養自己的真實智慧，智慧靠養，不是學來的。讀書學到的多是知識，儒家說：「記問之學，不足以為人師。」因為不是你自己領悟的。智慧是由定來的，不是外來的，要養。心清淨到一定的程度才產生智慧，因定生慧。內不動心，外不著相，內外是二，二都沒有就是一，才能達到一真法界。如仍有內外，仍在十法界中。

逞口舌之快，顯示和炫耀自己，是最愚蠢的做法。有一次，丹霞禪師去拜訪慧忠禪師，不巧的是，慧忠禪師剛好正在小憩，於是丹霞禪師便問慧忠禪師的弟子：「請問，你的師父慧忠禪師在家嗎？」

弟子剛剛領會了一些禪理，想在丹霞禪師前賣弄，於是回答道：「在是在，只是不會客。」

丹霞禪師故作驚訝地說：「啊！你回答得真是太深奧了，我根本就沒有辦法明白。」

弟子聽到丹霞禪師在誇獎自己，於是更加驕傲地說：「就算你有佛眼，也看不到他。」

丹霞禪師笑著說：「年輕有為啊，不愧是龍生龍、鳳生鳳。」

慧忠禪師醒來後，弟子便把丹霞禪師來訪的經過告訴他，並把自己與禪師之間的對話大肆吹噓了一番。他本以為師父會誇獎他，誰知道，慧忠禪師聽了之後，狠狠地批評了他，並打了他二十大棒，最後將他逐出了山門。

丹霞禪師聽說此事後，由衷地佩服慧忠禪師：「真不愧為南陽第一禪師啊！」

修行的人，是絕對不能逞口舌之爭的。禪沒有成見，當讚美的時候讚美，當批評的時候批評。

淡定小語

到處賣弄自己，對事物卻一知半解的人，是沒有真才實學的人。正所謂滿瓶子的水是沒有響聲的，只有半瓶子的水才會發出響動，所以，要學會謙虛，學會躬行。

定力才是真功夫

生死雖然是個老生常談的話題，但很少有人能真正參透。如果一個人有從容面對生死的定力，那他一定會有大作為。處變不驚已經值得驚嘆和讚揚，臨生死而不變色，則必然是定力的真功夫。

弘一大師曾借黃檗禪師之語來引導大眾思考生死定慧：「我且問你，忽然臨命終時，你將何抵敵生死？須是閒時辦得下，忙時得用，多少省力。休待臨渴掘井，做手腳不迭，前路茫茫，胡鑽亂撞。苦哉苦哉。」（《晚晴集》17）

淨空法師講述摘要

如果在生死交關的時候，你有什麼辦法呢？這是一個嚴肅的問題，也是修行人時時刻刻提醒自己的問題。黃泉路上無老少，人人都應警惕，有充分準備，臨時就不會慌張。平時要做工夫，這一天到來就能派上用場。

禪宗如不大徹大悟，明心見性，縱然有定功，如大限來臨心不亂，看他定功的深淺程度可以升天，但出不了三界。宗門大德，晚課都念阿彌陀佛，念《阿彌陀經》。平常把這一句佛號念好，到臨終時，阿彌陀佛必來接引。幸勿臨渴掘井，等病苦現前才找幾位同修助念，效果很小，恐無濟於事。可能隨業力亂撞到三途，三途容易進去，但很難出來。

生死不是問題的終結所在，而是一種心智的成長和定慧。這需要漸行漸悟。學徒修禪也是如此。

一日，弟子問禪師：「師父，怎樣才能使自己的身心得到清淨呢？」

禪師微微一笑道：「有個人聽了算命的話，說他眉頭發光，當天就能成為富人，於是他就直接走到了人家的銀樓裡，當著人家的面去拿錢櫃裡的金銀財寶，結果被人抓起來送到官府。縣太爺問他：『你怎麼敢在光天化日之下就拿別人的東西呢？』

那人回答道：『我只看到了錢，沒有看見其他人！』」

禪師接著說：「在有禪心的人眼裡，看到的都是塵埃！」

弟子又追問：「那怎麼才能成佛呢？」

禪師厲聲道：「你在外雲遊，在廟宇與深山行走，可曾找到你的安身之處？如果只會攀山涉水的走來走去，那只不過在浪費草鞋而已，就等著閻王跟你收草鞋錢吧！」

弟子不依不饒地又問：「那怎麼才能成佛呢？」

禪師撫掌大笑道：「好！意志堅定的人將你踏破的草鞋扔掉，光著腳行走，沒有任何的束縛，沒有任何的煩惱。不必為草鞋破了磨腳而擔心，不必為了草鞋錢而擔心；意志不堅定的人，心裡掛念的太多，憂慮太多，心裡都被裝滿了，千門萬戶都封鎖了，還安什麼身，立什麼命！」

弟子看了看自己的草鞋，靈光一閃，頓悟了。

淡定小語

定力不僅僅是堅強的意志，還是一種化險為夷的能力，是一種潛在的處變不驚的心智。心智的最高境界是能參透生死，坦然面對。一個有著強大定力的人，已經將一切盡收眼底，在這種心境下，無論風雲如何變幻，他都能夠怡然自得。

認清事情的根本

遇到問題，聰明人會先沉靜下來，總結和反思；而愚鈍的人第一反應就是情緒浮躁，然後發洩情緒。有些時候，問題恰恰出在自己身上。遇到問題時要理性看待問題，先反思自己，這樣既有利於問題的解決，又有利於自己的成長。

弘一大師曾抄錄飛錫法師的一個比喻：「鼻有墨點，對鏡惡墨，但指於鏡，其可得耶？好惡是非，對之前境，不了自心，但尤於境，其可得耶？洗分別之鼻墨，則一鏡圓淨矣。萬境咸真矣。執石成寶矣。眾生即佛矣。」（《晚晴集》18）

淨空法師講述摘要

照鏡子看見鼻子上有一墨點，很討厭，擦鏡子一定沒有用。外面的如同鏡子，境界是緣，引起了心中的好惡是非。如回光返照，觀察自心，即能覺悟。修道人知道，是非好惡是內心起了分別，外面並沒有是非好惡。……萬法平等，萬法如一，無高下之分。……我們起了錯覺，才有善惡是非。

有些時候，我們無法開悟不是外界環境的原因，而是因為沒有認清自身。釋迦牟尼為了讓弟子開悟、自省自身，也曾借馬喻人，以開示弟子。

一天，釋迦牟尼在精舍中靜坐，出去化緣的弟子先後回到了精舍，他們一個個神態安詳，精神抖擻。回來的弟子在水池邊洗去身上的塵土後，到精舍等待佛陀開示。

佛陀結金剛座，等所有的弟子都回來之後，慈祥地說：「世界上有四種馬：第一種馬在主人為他配上馬鞍、套上轡頭後，能日行千里，而且能根據主人揚起的馬鞭影猜測出主人的意思，自行變換速度和方位，這種能夠明察秋毫的馬被人們視為第一等良馬；第二種馬雖然不能根據馬鞭影猜測出主人的意圖，但是可以在馬鞭抽到馬尾時會意，然後立即飛躍，反應雖然不及第一種馬靈活，但是也很靈敏、矯健善走，也算得上是好馬；第三種馬不論主人怎麼鞭打它，都不能會意主人的意思，反應遲鈍，直到主人忍無可忍，開始使用暴力，它才明白主人的意思，然後順著主人的命令行事，這種馬是後知後覺的庸馬；第四種馬比前一種反應還要遲鈍，甚至有點冥頑不化，直至主人盛怒之下，它才如夢方醒，放足狂奔，這是愚劣無知的駑馬。」

講到這裡，佛陀停了下來，然後溫和地看著精舍裡的弟子們，他發現弟子都在聚精會神地聽，於是微笑著繼續說：「這四種馬其實就是四種眾生，第一種人聽聞世間有無常變異的現象、生命有隕落生滅的情境，便能肅然警惕，奮起精進，努力創造嶄新的生命；這好比第一等良馬，看到鞭影就知道向前奔跑，不用等到死亡的鞭子抽打在身上後才追悔莫及。第二種人看到世間的花開花落、月圓月缺，生命的起起落落、無常變化，能夠及時醒悟，並及時鞭策自己，絲毫不敢懈怠；這好比第二等好馬，鞭子才打到皮毛上，便知道放足馳騁。第三種人要比前兩種人遲鈍，當他們看到自己身邊的人經歷死亡的煎熬、肉身破滅，目睹骨肉分離的痛苦，經歷顛沛困頓的人生，才開始恐怖驚懼，善待生命；這好比第三等庸馬，非要受到鞭杖的切膚之痛，才能幡然省悟。第四種人最愚鈍，只有當自己被病魔糾纏，四大離散，如風前殘燭的時候，才悔恨當初沒有及時努力，在世上空走了一回；這好比第四等駑馬，受到徹骨徹髓的劇痛，才知道奔跑，然而，一切都為時過晚了。」

聽了佛陀的開示，弟子們開悟，於是各個閉目冥想，自省自身。

淡定小語

認清事情的本因是身為人的一種開悟，心若開悟，其意便隨行隨動，其行也將隨之而變，鴻鵠之志也需要配以翱翔的能力和智慧才能得以施展。

不固執，心性更通達

水繞山而行，遇海而入，遇到分水嶺就分流開來，遇到匯合口就彙聚一處，它的不固執、它的筋骨柔順讓它川流不息，永遠充滿生機。人只有像水一樣才能以萬變之姿應對萬千局勢，使生活更順暢、心性更通達。

弘一大師非常贊同佛眼禪師對於隨緣的解釋：「報緣虛幻。不可強為。浮世幾何，隨家豐儉。苦樂逆順，道在其中。動靜寒溫，自愧自悔。」（《晚晴集》21）

淨空法師講述摘要

「報」指身體，「緣」指這一生遭遇的環境，「我們這一生的境遇，全是虛幻不實的。覺悟的人，生活隨緣就自在了；不覺悟的人造作強為，以自己的心意為所欲為，就是造業。……

覺悟之人心中清楚，在日常生活中，心清淨不動。佛弟子大迦葉尊者修苦行，心地清淨，智慧圓滿。善財童子生於富貴家庭，心中亦如如不動，不為環境所轉，此之謂「道在其中」，「道」是覺悟的心。在生活活動與環境變化之中，被環境所轉而不能覺悟就應當懺悔，自己努力悔過。

一切隨時、隨性、隨悲喜才是心性通達的最高境界。

寺院的地面到處蓋滿了枯黃的小草，小和尚覺得很難看，於是對師父說：「我們重新種些草吧！」

師父回答道：「不急，隨時。」

終於到了播種的季節，老和尚和小和尚開始忙碌於種草。

「不好了！師父，好多種子都被吹飛走了。」小和尚驚恐地喊道。

老和尚笑了笑說：「沒關係，吹走的大部分都是空的，就算是灑在泥土中也不會發芽的。一切隨性！」

這時候，飛過幾隻小鳥啄食草粒。

「真要命！師父，草籽都被鳥吃了！」小和尚急得直跺腳。

老和尚依然笑呵呵地說：「沒關係的，草籽多著呢，吃不完的。一切隨遇！」

半夜時分，一陣暴雨鋪天蓋地傾洩而下。

第二天一早，小和尚驚叫道：「師父，這下可全完了，草籽都被大雨沖走了！」

老和尚走過來，緩緩地說：「沖到哪，就在哪發芽。一切隨緣！」

一個星期之後，原本光禿禿的地面上居然長出了許多青翠的草苗。一些原來沒播種的角落，也泛出了點點綠意。

小和尚高興地拍手歡呼。

師父看到後說：「隨喜！」

淡定小語

為人處世之道就是，不要刻意地去強求、去改變任何人或者物，正所謂「遇事強求，徒傷感情」。當然，這並不意味著就是「當一天和尚撞一天鐘」的無可奈何，而是要順其自然，不抱怨、不躁進、不強求、不悲觀、不慌亂、不忘形。

03

放下就是擁有

浮躁的人群中，有人急功近利，有人利慾薰心，
但貪婪只會滿足人的一時之求，
那些能在利益面前保持冷靜的人，
那些能在誘惑面前保持淡定的人，
才是真正的贏家。因為他們放得下。
他們內心有一把衡量利益的尺，
適合自己的尺寸，就是最好的，就可以選擇；
不適合自己的尺寸，任憑再大的誘惑也視而不見，
因為他們知道，放下就是擁有。

拋下重負把握現在

現實是客觀的，但因為很多人的心中化解不開，所以他們的內心會有一份重負。這負擔讓他們無法走出過去，無法面對現在，因此人們需要化解內心的情結，需要重新修復自我。

弘一大師引石屋禪師的偈語來教化世人，幫助人們化解心結走出過去：「過去事已過去了，未來不必預思量；只今便道即今句，梅子熟時梔子香。」（《晚晴集》25）

淨空法師講述摘要

過去的事不要再想，未來的尚未到，何必操心。聰明人抓住現在。梅子梔子都有季節性，一定要把握時節因緣，不能空空放過。

人本該抓住現在，這樣煩惱才會少，步履才會更堅定，如果為當下的事情煩惱而想改變明天，還不如理性地過好今天收效更大。

在大山深處的一個寺廟裡，有一個小和尚每天負責早上清掃寺院裡的落葉。對於這個差事，他早就厭煩了。

秋天到了，落葉更多了，這讓小和尚更加頭痛，於是去討教廟裡的師兄弟：怎麼辦才能讓自己輕鬆些。

後來，住持知道了他的煩惱，便主動找他談話。小和尚很誠實地對住持說了自己的委屈。

住持對他說：「明天你在打掃之前先用力搖樹，把落葉統統搖下來，後天就可以不用掃落葉了。」

小和尚聽了住持的建議之後非常高興。

第二天一大早，他就開始搖動寺院裡的樹木，一直到所有的樹木都不會再落下一片葉子為止，然後，他用掃帚細地掃了一遍。這一整天小和尚都非常開心。晚上，小和尚高興地想明天也許就不用這麼累了，微笑著睡著了。

第二天，小和尚走到院子一看，頓時傻眼了：昨天的工夫全都白費了，院子裡如往日一樣落葉滿地。

這時，住持笑呵呵地向他走了過來，語重心長地說：「傻孩子，你知道我為什麼給你出那個主意嗎？我的意思就是要讓你明白：無論你今天怎麼用力，明天的落葉還是會飄下來。」

小和尚聽完住持的話後終於頓悟。

淡定小語

在現實生活中，我們也會有像小和尚一樣的困惑，企圖把所有的事情都做完，把所有的煩惱都解決掉；實際上，很多事是無法提前完成的，過早為將來擔憂，於事無補，新的一天總會遇到新的問題。不要試圖透支明天的幸福，踏踏實實做好今天的事情，才會留住本該屬於自己的快樂。

修一顆靈慧心

人生在世總是經受很多考驗，紙醉金迷的生活容易迷惑人們的心智，讓生命中那顆靈慧的自然之心沉睡。在繁忙過後，我們要學會卸下疲憊的重擔，讓心靈回歸靈慧的自然之性。

弘一大師講授佛法時，曾借仁潮禪師的幾句話道出世間的浮華真假：「瑣瑣含生營營來去者，等彼器中蚊蚋，紛紛狂鬧耳。一化而生，再化而死，化海漂蕩，竟何所之？夢中復夢，長夜冥冥，執虛為實，曾無覺日，不有出世之大覺大聖，其孰與而覺之歟？」（《晚晴集》27）

淨空法師講述摘要

「瑣」是瑣碎，微不足道，即指芸芸眾生。「營營」是忙碌不停，等於蚊蟲在器皿中亂飛亂撞。「化」是變化，生死是變化；「化海」即六道輪迴，何時才能有個頭緒。人生實在是夢中之夢，等證到羅漢果，才恍然大悟，知道已往乃是一場夢。

有時候人們無法讓自己的內心保持靈慧，是因為無法放下心中的負擔，放下既是佛，放下就是回歸原始的自然之美。

一個叫黑指的婆羅門運用神通，拿了兩個花瓶前來獻佛。

佛陀說：「放下。」

於是婆羅門將左手的花瓶放下了。

佛陀又說：「放下。」

於是婆羅門又將右手的花瓶也放下了。

可是佛陀依舊重複那句話：「放下。」

黑指婆羅門不解地問道：「佛陀，我已經兩手空空了，您怎麼還讓我放下啊！」

佛陀微笑著說：「我叫你放下的並不是手中的花瓶，而是你的六根、六塵和六識，當你將這一切都放下時，就會得到大解脫。」

黑指婆羅門頓悟。

淡定小語

「放下」並不是任何人都能夠做到的，也正因此，很多人過得很痛苦、很累。所以，必要的「放下」，其實是通向幸福、得到解脫的最好捷徑，也是通向內心自由的橋梁。

超越是非，才能還原自己

人們每天都糾結於是是非非中，其實給自己的空間並不多；這些讓人頭大的是非對錯攪擾著人們的心智，讓人們很少有時間去思考自己、還原自己。當你遇到是非對錯的爭執時，要學會看透紛擾、超越是非，做最真實的自己。

弘一大師引用蓮池大師的一句話，指點善友看透紛擾：「放開懷抱，看破世間，宛如一場戲劇，何有真實？」（《晚晴集》29）

淨空法師講述摘要

世間事不容易看破，但是看戲就容易體會是假的。人生又如夢境，夢醒之後，想想夢裡的境界均非真實。佛在經中常勸我們不要造惡，他說：「萬般將不去，唯有業隨身。」明白這個道理，決定不造惡業。在世間吃虧上當，還是歡歡喜喜地接受，因為知道全是假的。

世人也應該悟透其中道理，還原真我才對。

禪宗六祖獲得了衣缽心印之後，害怕別人嫉妒、迫害自己，所以連夜逃走了。但是，世上沒有不透風的牆，很快眾僧侶就得知了這個消息，紛紛追趕而來。

一位叫慧明的僧侶最先追上了禪宗六祖，並假惺惺地說不是為了衣缽而來，而是真誠地為了求法而來，懇請禪宗六祖接見。

禪宗六祖說：「既然你是為了求法而來，那麼請先拋棄一切外援，斷掉心中所有思戀的念頭。」

過了一會，禪宗六祖接著說道：「你不要想著善，也不要心存邪惡，你問問你自己，你的本來面目是怎樣的？」

聽了禪宗六祖的提示，慧明頓時如醍醐灌頂，大徹大悟，接著他又請求禪宗六祖再告訴一下祕密的意思。

禪宗六祖說：「如果是我能夠告訴你的，就不是什麼祕密了，如果你能好好反省自己，祕密的意思就在你的心裡了。」

慧明聽了，感激地說：「我遁入空門已經很長時間了，卻不知道自己的真正面目。你的指點，使我感覺到如人飲水，冷暖自知。現在我瞭解了自己的心，對自己完全明明白白了。」

淡定小語

想要瞭解自己的心，要學會時常反省自己、瞭解自己、矯正自己，只有這樣，才不會一生被欺騙，才會懂得自己的所想所要，才會明確自己心中的最終願望和理想，才會鼓足勇氣，一直堅持和努力下去。才能在紛擾繁雜中，超越是非找到真我。

好心態是一種定力

心態決定了人的行為，如果心定，智慧就時刻為自己服務；如果心不定，念想一來，就像石塊落入水中，必然引起內心陣陣漣漪。而好心態是一種定力，是來自人們內心的一種超然的淡定。

弘一大師引用了蓮池大師的一句話，來解釋如何看待妄想這一情緒：「畏寒時欲夏，苦熱復思冬，妄想能消滅，安身處處同。草食勝空腹，茅堂過露居，人生解知足。煩惱一時除。」（《晚晴集》32）

淨空法師講述摘要

天冷的時候，總想夏天好過；天熱的時候，又想冬天多麼好，總沒有舒服的日子。如果去掉妄想，心就安定，心安理得是真功夫。

沒有煩惱的人生、充實的人生才更有意義，佛家修佛，修的就是一份平和淡定之心。

佛光禪師的大弟子大智外出參學二十年歸來後，向佛光禪師述說此次在外參學的種種經歷，最後大智問道：「師父，二十年過去了，您老人家一個人還好嗎？」

佛光禪師回答：「很好，每天忙著講學、說法、著作、抄經，生活得很愜意，也很快樂。」

大智關心地說：「師父，您也別太操了，應該注意休息。」

夜深了，佛光禪師對大智說：「你早點休息吧，有話我們以後慢慢說。」

隔天清晨，大智在睡夢中隱約聽到禪房裡傳出師父誦經的木魚聲。

白天，佛光禪師接待了一批批來禮佛的信徒，給他們講說佛法。晚上，他開始擬定教育僧眾的教材，總有忙不完的事。

大智好不容易看到佛光禪師有一段閒暇時間，於是急忙跑過去問：「師父，這二十年來，您每天都忙忙碌碌的，可怎麼一點也不顯老啊？」

佛光禪師笑著說：「我忙得沒有時間去考慮自己的年齡呀！」

淡定小語

人活的就是個心態，有的人年紀輕輕，但是心力衰退，心早已經老了；有的人雖然年事已高，但是心力旺盛，精神飽滿，老當益壯。心老，人必老；心童，人必年輕，所以要以年輕快樂的心態，對待生活，對待工作，對待周圍的一切。好好地活，爭取多做一些有意義、有價值的事。

調一顆怡然心

人們常有虛榮心，虛榮有時候和自卑相關聯。人生數十載不過瞬息之間，若糾結於人我比較之虛妄，只是離真實的自己更加遙遠。事實上，觀遍古今，只有平和低調的人才能成就大事，才能給內心一份怡然之情。

弘一大師以了凡大師之言點化世人：「人之過惡深重者，亦有效驗。或心神昏塞轉頭即忘；或無事而常煩惱；或見君子而赧然消沮；或聞正論而不樂；或施惠而人反怨；或夜夢顛倒；甚則妄言失志，皆作孽之相也。苟一類此，即須奮發，捨舊圖新，幸勿自誤！」（《晚晴集》33）

淨空法師講述摘要

「過惡」，「過」是罪過，「惡」是惡習氣，即前面所說的宿業。其徵兆是神志不清，容易忘事，無事時自生煩惱。或看到有道德有學問的正人君子，即覺得自己卑不足道；或聽到正法時聽不進去；或送禮與他人，反而受人奚落；或糊夢顛倒，語無倫次；都是過去的孽障所致。如有任何一項，即應改過自新，不要自誤。

人們只有不斷反省自我，追求內在的真性情，才能做到不自卑、不煩惱；才能夠心態怡然。

達摩祖師本名叫菩提多羅，是南印度婆羅門貴族，是香至王的第三個兒子，後來由於機緣巧合遇到般若多羅，為祖師所器重而度化出家，改名菩提達摩。

達摩祖師未出家以前，超群的才智已經顯現。有一次般若多羅尊者指著一堆珠寶問達摩三兄弟：「世上還有比這些珠寶更好的東西嗎？」

大哥月淨多羅回答道：「這些珠寶是我們王者之家最為珍貴的，世上還有什麼東西比這些寶物更珍貴的呢？」

二哥功德多羅也回答道：「我也沒有見過還有比這些寶物更珍貴的東西。」

菩提多羅笑著說：「我認為兩位哥哥說得不對，這些珠寶沒有任何價值！」

兩位兄長責問道：「為什麼這些珠寶沒有價值呢？那麼你覺得有價值的寶物是什麼？」

菩提多羅說道：「這些珠寶不瞭解自己的價值，只不過是一些沒有知覺的東西而已。佛法真理才是寶物。真正的寶物是由人們發揮出來的智慧，不僅能自照，而且還能區分各種形形色色的珠寶，更能分辨世間的一切善惡諸法，所以真正最尊貴的應該是無上真理的法寶。」

淡定小語

佛法具有真心本性，金銀珠寶有毀壞的時候，真心本性沒有毀壞的時候，所以，對稍縱即逝的東西不要有太多的欲念，應該把心思花在對真理的追求和探索上。真理永遠不會毀壞，真心本性才是人世間最珍貴的財寶。

不違背自己本心

人生在世不稱意的時候很多，有些人無奈於人云亦云，有些人習慣了隨波逐流。但一定要記住，只要你可以選擇，就不要違背自己。如果你違背了自己的本心，將揹上沉重枷鎖，從此心無寧日。

弘一大師用《西方確指》中記述的覺明妙行菩薩之言，為修行之人指點迷途：「只『強順人情，勉就世故』八個字，誤卻你一生大事。道業未成，無常至速！急宜斂跡韜光，一心向道，不得再誤！」（《晚晴集》34）

淨空法師講述摘要

念佛人隨緣絕不攀緣。光陰非常快，往生西方有無把握，自己知道。如無把握，人情俗事必須擺脫。所以菩薩勸我們斂跡韜光，一心向道，不得再誤。

人只有懂得反觀自心，才能知道自己真正想要的是什麼。這就像修行中佛家弟子要有認知自我的能力一樣重要。

馬祖道一禪師，是四川廣漢縣人，幼年在羅漢寺出家，唐開元年間，來到南嶽山，在一個草庵裡修習禪定。

懷讓禪師每次路過草庵都看到馬祖禪師關門用功，就想點悟他，於是敲門問道：「大師每天枯坐在這裡，圖的是什麼？」

馬祖禪師沒有理解懷讓禪師的話，反而覺得他打擾了自己的清修，於是繼續坐禪。

懷讓禪師看到後，覺得他太執著、固執，但是又不忍心不理會，於是拿起磚頭，在馬祖草庵前用力磨了起來，一連磨了很多天，聲音非常刺耳。馬祖禪師沒法靜心，於是打開了庵門，循聲音望去，看見懷讓禪師在那裡不停地磨磚，於是不高興地問道：「大師，你磨磚究竟是要幹什麼？」

懷讓禪師哈哈大笑，說：「我想把磚磨成一面鏡子。」

馬祖禪師奇怪地問：「磚怎麼可能做成鏡子呢？」

懷讓禪師說：「你說的沒錯，磚是磨不能成鏡的，那麼你一味枯坐就能成佛嗎？」

馬祖禪師一聽，如醍醐灌頂、豁然開悟，於是投在懷讓禪師的門下聆聽教誨，終於成了禪宗的一代宗師。

淡定小語

磨磚成鏡，同掘地看天、緣木求魚一樣，雖是苦行，但無法達到目的。禪悟不等於一味枯坐，要反觀自心，才能洞見真如。我們在做事情時，一定要講究方法，不能埋頭苦幹，要把握好自己的方向，用最簡單的方法解決最複雜的問題。

捨一份虛榮，得一份真相

虛榮是指表面上的榮耀，虛假的榮名，是本身不存在的、想像出來的事物。即使沿途風景再誘人，我們還是要將目光投注於追求的目標上，清醒地前行。只有捨棄虛榮才能夠得到真相。

弘一大師借用《西方確指》中記述的覺明妙行菩薩之言，說出智慧的根源：「深潛不露，是名持戒，若浮於外，未久必敗。有口若啞，有耳若聾，絕群離俗，其道乃崇。」（《晚晴集》35）

淨空法師講述摘要

持戒在修行方面非常重要，因戒得定，因定開慧。一般所說的定，即《彌陀經》講的一心不亂。……

戒能得定，善不能得定。如何才能得定，菩薩說要深潛不露。所謂戒是戒自己，非為旁人。常守清淨心是名為「道共戒」，又稱為「定共戒」。定中一定有戒，而戒中未必有定。道中一定有戒，戒中未必有道。自己有一點小善小行就大事宣揚，禁不起時間的考驗，日久必敗。

弘一大師教化世人不可有虛妄之心，當還事物本來面目。不執著於虛榮表象，事情就會還原。

有位禪師很喜歡用偈詩來概括事理，讓弟子自己去領悟。

有一天，他來了雅興，順手寫了兩句話：「綿綿陰雨二人行，怎奈天不淋一人。」讓弟子們參研。

一個弟子自作聰明地搶先說：「其中沒有淋到雨的人，肯定是穿了雨衣。」

禪師聽了後不語，只是緩緩地搖了搖頭。

接著另一個弟子說：「我想這應該是一次局部雨。這種現象雖然不多見，但還是有可能碰到的。沒有淋到雨的人，走的正是沒有下雨的這邊。」說完這話，他滿懷信心地看了看師父。

禪師笑了笑，仍然沉默不語。

第三個弟子見師父沒有表態，於是說：「你們的解釋太牽強了，其實道理很簡單，那個沒有淋到雨的人在屋簷下行走呢。」說完後，得意洋洋地瞟了兩位師兄一眼，準備接受禪師的讚賞。

禪師朝弟子們笑了笑，緩緩地說道：「你們都非常聰明，充分發揮了自己的想像力，設想出種種不淋一人的條件或理由，但是你們鑽入了牛角尖，錯誤地執著於不淋一人這一點上。事實上，如果你們換一個角度想一想，所謂的『不淋一人』，不就是兩個人都在淋雨嗎？」

很多時候，我們都把思維限制在固定的模式中，鑽牛角尖，死死拽住約定俗成的東西，認為那是不可更改的真理，循規蹈矩，無法解脫自我。事實上，如果放下心中不可逾越的神聖，換一個角度去思考，你會發現，原來事情並不是自己想的那樣。

淡定小語

人若不願意捨棄原有的認識，也就不會有新的開悟。虛榮是外相，只有放棄了該放棄的，才有機會去收穫更有價值的。

心量放寬，人生通達

世事無常，人生難料，有時候你覺得前路黯淡無光，卻峰迴路轉，重見光明。有時候你春風得意馬蹄疾，卻忽然發現前面是懸崖峭壁。無論是得意還是失意，只有把心態放寬，人生之路才會通達無阻。

曾有善友問弘一大師，如何度過人生中最艱難的時期，如何走出眼前的困境。弘一大師教化說，「人心自通達」；並將蕅益大師的這句話闡釋於眾善友：「將身心世界全體放下，作一超方特達之觀。」（《晚晴集》37）

淨空法師講述摘要

此觀是人生觀、宇宙觀。我們心量太小，只想到自己或家庭以及親戚朋友，現在有心照顧親戚朋友的已經很少了。心量小絕不能超越六道，也絕不能往生淨土。《無量壽經》上說：三輩九品往生均要發菩提心，四十八願中的第十八願是一向專念，第十九願是發菩提心，這兩願非常重要，菩提心是真正覺悟之心。覺悟世間無常，生死事大，人生真苦，極樂真實不虛，依佛教誨，老實念佛決定得生。除一句「阿彌陀佛」外，把身心世界全體放下，作一超越十方、通達無礙的宇宙觀。

出家人直說念佛，世間之人雖不求佛，但這種一心求佛的豁達心境和執著精神還是必須具備的。在中國歷史上，佛法曾一度遭遇劫難。唐武宗毀滅佛法時，巖頭禪師偷偷縫製了一套俗裝，準備到萬不得已時應變突發事件。後來，朝廷強令僧尼還俗，有名的高僧紛紛被逮捕判刑。

為了躲避苛政，巖頭禪師穿了俗裝，戴著帽子，悄悄躲進一個在家修行的尼姑佛堂裡。當時尼姑正在齋堂吃飯，巖頭禪師大搖大擺地走進廚房，拿起碗筷也開始盛飯。一個小尼看到他，立刻告訴了尼姑。尼姑拿著棒子來驅趕，卻發現是巖頭禪師，於是便說：「原來竟是巖頭禪師，你怎麼變成這樣了？」

巖頭禪師不慌不忙地說：「形可變，性不可變。」

後來，大彥禪師見到巖頭禪師時，他正在門前拔草。大彥禪師戴著斗笠走了過來，站在巖頭禪師的面前，用手敲敲斗笠說：「禪師還記得我嗎？」

巖頭禪師抓起一把草，朝著大彥禪師扔了過去，不快地說：「世事變化無常，想不起來了。」

大彥禪師不肯讓步地說：「世事無常，但法性永恆，你怎麼可以不認賬呢？」

巖頭禪師一聽，有些不悅，起身打了大彥禪師三拳。

大彥禪師整好行裝後準備進僧堂，巖頭禪師緩緩說道：「不是已經寒暄完了嗎，根本沒有再進僧堂的必要了。」

大彥禪師聽了之後，立刻轉身走了。第二天一大早，大彥禪師又走進了僧堂，剛進門，巖頭禪師立刻從法座上跳下來，一把抓住他的衣襟道：「你快說，哪裡才有不變。」

大彥禪師也一把抓住巖頭禪師，說道：「形可變，性不可變！」

說罷，兩人捧腹大笑起來。

淡定小語

不管經歷多少變故，都要保持真心不變，只要心念不變，不管多少滄桑，你還是你。任何時候，尤其是危難之時，一定要將心放寬，內心的豁達將幫助你走出困境，改變人生。

心無外物自有慧眼

人生中的迷惘痛苦並不可怕，可怕的是丟失了自我，卻還蒙著眼原地打轉。想要有一雙慧眼，內心必須不染纖塵。只有心無外物，才能洞察一切，才能更清醒更理性地走下去。

弘一大師對蕅益大師的這段話頗為贊同：「善友罕逢，惡緣偏盛，非咬釘嚼鐵，刻骨鏤心，何以自拔哉？」（《晚晴集》38）

淨空法師講述摘要

「善友罕逢，惡緣偏盛」，此八個字把世間相說透了。善知識（按：佛家語，義同「善友」，指可引人親近正道的良師益友）很難遇到，但是遇到之後，你也不一定喜歡他。因為看他的樣子，聽他的講話，都覺得格格不入。他說的是苦口良藥，但世間人聽不慣。惡緣是引人造罪的因緣，隨時可以遇到，而且你很喜歡同他交往，以後吃虧上當，已經晚了。

真正善知識必定謙虛。從前閉關的人是為養道，道業已經成就，閉關清修，等待時節因緣成熟再出來弘法利生。現在不行，尚未出家即閉關，已失掉閉關的意義。在今天這個時代，以佛為師，以經為友，絕不會錯。應有剛毅的志氣，成就自己的道業，堅守原則，決不同流合汙。

世間人原本就有很多扮相，與一個心存正氣、有品德的人做成朋友並不容易。有時候，反而是我們恰恰能被別人看透，想要不被別人看透，並非隱藏心跡就可以做得到的，真正有效的方法是讓自己沒有心跡可尋。三藏禪師一直自詡神通廣大，一次他找受人們尊敬的慧忠禪師前來印證。

慧忠禪師看了三藏一眼，問道：「早有耳聞您可了人心跡，是這樣的嗎？」

三藏恭敬地笑了笑說：「弟子不才。」

慧忠禪師在心裡起了一個念頭，然後問三藏：「你告訴我，我現在的心思在什麼地方？」

三藏微微一笑，說：「高山仰止，小河流水。」

慧忠微笑著默許了，然後又有了一個新的念頭，於是又問道：「那你再告訴我，現在我的心思在哪裡啊？」

三藏得意地笑了笑說：「禪師怎麼會想到和山中的猴子玩耍呢？」

慧忠禪師又是微微一笑，慢慢進入了禪定的狀態，他緩緩地說：「那你現在告訴我，我的心思在什麼地方？」

三藏使盡了渾身解數，依舊沒有看出慧忠禪師的心思在哪裡。

慧忠禪師再次微笑著說：「你知道為什麼你沒有找到我的心跡嗎？」

三藏茫然地搖了搖頭。

慧忠禪師說：「因為我剛才根本就沒有心跡，你自然不能找到。」

淡定小語

做人就是如此，只要你有心跡存在，無論隱藏得多深，最終還是會被人探察到，所以要不想被別人探察到心跡，就要做到心無外物。

04

培育一顆清透心

清透是一種純淨，清透之心是一種靈魂的純淨。
培育一顆清透之心，你就擁有了一顆純淨的靈魂，
擁有了一顆清澈到可以洞察一切的心。

放下夢幻走向真實

有時候人的意志過於脆弱，在某種誘惑下，人們容易產生各種各樣的幻想，那些幻想讓他們失去了求真務實的本性，片面地追求利益和虛榮，當頓然醒悟時，發現一切原來只是個破碎的夢。

弘一大師借蕅益大師之語，勸誡那些追逐利益的世人：「何不趁早放下幻夢塵勞，勤修戒定智慧。」（《晚晴集》39）

淨空法師講述摘要

世間人一生中能夠覺悟，甚為難得。覺悟愈早愈好，功力才能踏實。自己沒有真實功夫，很不容易體會蕅益大師的開示。古時修行人有二、三十歲即大徹大悟者，覺悟得早是放下早。我們聞法太晚，放下更晚，必無成就可言。身心世界均屬幻夢塵勞，把一切虛幻不實的東西一齊放下，在戒定慧上下工夫，時時刻刻，精勤不懈，才有辦法。

人只有把虛幻的東西放在心外，才不會去計較形式上的輕重大小，也只有這樣，人們才能擁有真實的自己。

唐朝宣宗皇帝李忱在沒有即位之前，曾經為了避難而隱居在佛寺中，擔任那裡鹽官禪師的書記。他非常欣賞佛教中不立文字、不著形象、不假外求的思想。

當時，他隱居的寺廟住持是黃檗禪師。有一天，李忱看到黃檗禪師對佛像頂禮膜拜，於是走上前去問：「住持，你一直教導我們不著佛求、不著法求、不著僧求，為什麼你卻在這裡虔誠地禮拜佛像呢？」

黃檗禪師生氣地說：「不著佛求、不著法求、不著僧求，應該要如是求，你懂什麼啊？」

李忱聽了很不服氣，嘲笑著說：「既然如此，那麼禪師以前說的話都是裝模作樣了？」

黃檗禪師一聽，忽然不客氣地打了李忱一個耳光。李忱被禪師的突然施暴嚇壞了，愣在一旁，過了幾秒鐘才不高興地說：「虧你還是個信佛之人，怎麼能這麼粗暴呢！」

黃檗禪師走上前去，又狠狠地打了他一個耳光，說：「這裡是什麼地方，你竟然敢對我說粗說細。」

李忱不甘示弱地辯解道：「既然你能拜佛、拜法、拜僧，我為什麼就不能說粗說細呢？」

黃檗禪師這時才笑著說：「你說得很對，我可以拜佛、拜法、拜僧，你也可以說粗說細。」

淡定小語

不著佛求、不著法求、不著僧求，這是無心禪，不管是有心的還是無心的，都是真心的。不能跟一般人同流合汙做壞事，也不要標新立異，要不拘泥於形式，形式只是外在的東西，並不重要，只要一個人能擁有堅定的意志，保持真實的自己，形式的存在就是虛幻的。

七分理性三分情感

情感太盛容易衝動，而太理性則容易決絕，沒有人情味。七分理性三分情感，是剛剛好的溫度，不過熱、不過冷，正宜修養內心的清淨與慈悲，坦然淡定面對人世的各種繁雜。

弘一大師出家之前也喜愛文字詩詞，但皈依佛門後放下一切，並引蕅益大師之語：「勿貪世間文字詩詞而礙正法！勿逐慳、貪，嫉妒、我慢、鄙覆習氣，而自毀傷！」（《晚晴集》40）

淨空法師講述摘要

喜愛世間文字詩詞是讀書人的毛病，障礙自己的清淨心，它引發人的感情，障礙修道。道是如如不動。八關齋戒中規定不可唱歌跳舞看戲，有礙道心，均所禁止，詩詞歌賦也是一樣。

弘一大師的藝術修養是他出家前學的，後來他利用書法文字接引初機。修道人不要隨順世俗，必須把貪慳嫉妒，貢高我慢種種不良習氣一概捨棄，因為這些東西都會毀傷道心，障礙念佛。

上述所說的放下文字詩詞只是對於出家人來說，對於俗家大眾來說，人們只要學會控制情緒，理性地看待問題，人生就會不斷向前走。

一個只有一隻手的乞丐一路沿街乞討，來到了一座寺院前。當他向方丈乞討時，方丈指著門前的一堆破磚對乞丐說：「你幫我把這堆磚搬到後院去吧。」

乞丐非常尷尬，生氣地說：「你沒有看到我已經殘疾了嗎？我只有一隻手怎麼搬呢？你不願給就不給吧，何必這樣捉弄羞辱我呢？」

方丈用一隻手搬起了一塊磚送到了後院，然後對乞丐說：「像搬磚這樣的事，一隻手就已經足夠了，我能做的，你為什麼不能做呢？」

乞丐沒再說什麼，用一隻手搬起磚來，兩個小時之後，磚終於搬完了。

方丈走過來，遞給了他一些銀子，乞丐接過錢，感激地說：「謝謝你，大師！」

方丈笑著說：「不用謝我，這是你自己用勞動賺到的。」

乞丐感動地說：「大師的再造之恩，我不會忘記。」說完深深地鞠了一躬，便轉身離開了。

過了一段時間，又有一個乞丐來寺院乞討。方丈把他帶到屋後，同樣指著磚堆對他說：「把這堆磚搬到屋前我就給你銀子。」

但是這位雙手健全的乞丐狠狠地瞪了方丈一眼，轉身走了。

弟子不解地問：「方丈，弟子有些不明白，上次你叫那個乞丐把磚從前院搬到了後院，今天你又叫這個乞丐把磚從後院搬到前院，你到底想把磚放在後院，還是前院？」

方丈語重心長地說：「其實磚放在前院和放在後院是一樣的，可動手搬與不搬對乞丐來說卻不一樣。」

多年之後，一個很體面、氣度不凡的人來到了寺院，而他只有一隻手——這人就是當年那個用一隻手搬磚的乞丐。自從方丈讓他搬磚以後，他找到了自己的價值，明白了只要動手去做，生活會和正常人一樣精彩。之後，他靠著自己的不斷拚搏，終於取得了成功。而那個拒絕搬磚的、雙手健全的乞丐卻依舊還是乞丐。

無論現實多麼殘酷，生活多麼窘困，都要靠自己的雙手和頭腦積極地去面對；要是不動手、永遠等著別人施捨，便找不到自己活著的價值，更別說實現自己的理想了。

淡定小語

每一種創傷，都可以讓我們萎靡不振，也可以讓我們變得更加成熟，關鍵是我們用什麼樣的態度去對待它。最關鍵的是，要控制好自己的情緒，清醒理智地看待面前的問題，人生才能不斷前進。

自作聰明是劣智

有些人愛耍小聰明，其實真正聰明的人總是很低調，因為他們知道，自作聰明只不過是嘩眾取寵而已。真正有智慧的人，從來不過度虛榮和過度表現，任何時候，他們都知道如何收束心智。

弘一大師身為一代宗師，一直不忘謙虛自省，並引蕅益大師語：「內不見有我，則我無能；外不見有人，則人無過；一味癡呆，深自慚愧！劣智慢心痛自改革！」（《晚晴集》41）

淨空法師講述摘要

真正修行人的態度是如癡如呆。我們比古代大德比不上，即民初的先賢也比不上，自以為聰明是劣智，自以為了不起而看不起別人是修道人的大忌。先要知道自己的過失，工夫才能有進步。等覺菩薩還時時刻刻檢點自己的過失，何況我們凡夫，毛病習氣太多太多了。

有兩個寺廟相鄰不遠，一個寺廟的僧人外出辦事時，必定會經過另一個寺廟。每當這個時候，另一個寺廟的僧人總要想辦法出來「鬥法」。

一天早上，一個小沙彌出去辦事，路過另一個寺廟門的時候，這個寺廟裡的和尚攔住了他的去路。

「你要到哪裡去？」和尚問道。

小沙彌回答道：「腳到哪裡，我就到哪裡！」

和尚無話可說，敗下陣來，回去請教自己的師父。

師父告訴他說：「明天你繼續問他，如果他還是這樣回答，那你就說，如果沒有腳的話，你到哪裡去呢？那麼他一定回答不了！」

第二天一早，昨天敗下陣的和尚早早地守候在廟門前。一會兒，那個小沙彌從寺院裡走了出來，和尚急不可耐地衝上前去攔住他，輕蔑地問道：「你要到哪裡去？」

「風走到哪裡，我就到哪裡！」小沙彌不慌不忙地說。

和尚再次語塞，愣在那裡不知如何是好，小沙彌揚長而去，和尚只好垂頭喪氣地去請教師父。

師父聽了和尚的描述，很不高興，責備道：「你真是太笨了。你為什麼不問他：如果沒有風，你到哪裡去？他一定答不出來！如果下次他再隨便編個名目，比如，水到哪裡，我到哪裡。那你就問他：如果沒有水，你到哪裡？他一定答不出來！」

聽了師父的這番話，和尚高興極了，他心想，明天看你怎麼應付我！

第三天，和尚又早早地等候在寺廟門前，等小沙彌過來後，和尚走上前去問：「你到哪裡去呢？」

小沙彌被糾纏煩了，於是告訴他：「我要到菜市場去！」

和尚本來準備了一大堆問題用來刁難小沙彌，可是聽到小沙彌這麼說，和尚傻乎乎地站在那裡無言以對。

淡定小語

一個有大智慧的人，不會無聊地去和別人做沒有任何意義的糾結。人應該多花一點時間去修正自己，提高自己，讓自己的生命得到釋放和解脫。

不慕他佛，塑造自身

大多數人喜歡以別人為參照物來檢驗自己的成果如何，其實我們自己才是衡量成就的尺規。無論誰走在你前面，或者你走在誰前面，這都不重要，重要的是，靜下來問問自己，距離自己心中的目標還有多遠。

弘一大師摘錄了誦帚禪師之語：「籬菊數莖隨上下，無心整理任他黃。後先不與時花競，自吐霜中一段香。」（《晚晴集》42）

淨空法師講述摘要

菊花不與時花爭奇鬥豔，比作修道人道業成就，即自吐霜中一段香，與人無爭，於世無求，真正可以做到。修道人目標只有一個，求生淨土，其他均非所要，自然有一段清香。

佛家修行是修自身，只要明白了這一點，便是修行中的開悟。

在新的寺院落成後，老和尚告誡小和尚，要自己動手塑造佛像。小和尚問老和尚，是不是應該找一個佛像照著塑。

老和尚說：「不，照著自己的模樣塑就行。」

小和尚不解地說：「師父可以，我可不行！」

老和尚笑道：「這樣吧！我照你塑，你照我塑！」

小和尚不明白，老和尚又道：「心表如一，言行一致地把自己當成佛，塑成佛，自己就成了名正言順、心安理得的佛。你我的德行和模樣都可以塑成佛，那世界上還不平添許多嚮往成佛、可以成佛之人嗎？」

無論哪尊佛，當初也都是平平常常的普通人而已，他們是因為用心地去修行，才一步步把自己塑成佛的。

> **淡定小語**
>
> 自己心中的畫像——「心像」，往往就是自己的外在形象，所以當我們在心裡將自己塑造成什麼樣，往往就能成為什麼樣的人。無論做什麼事情一定要敬業，只要真誠修行，一心向善，終成正果。

洞悉事物本質

哲學上說，透過現象看本質；佛學上則說，一切凡塵俗事都會成為修行的障業。其實，無論出家還是在俗世，我們都要保持一顆靈慧的心，都要學會透過一切跡象來洞悉事物的本質。

印光大師曾以下面這段話教化僧眾，弘一大師對此亦深信不疑：「汝信心頗深。但好張羅及好遊、好結交，實為修行一大障，祈沉潛杜默，則其益無量。戒之！」（《晚晴集》46）

淨空法師講述摘要

信心頗深，是好現象，此生脫離輪迴往生淨土的好因緣。但有障礙，障礙即好張羅，好遊玩，好交朋友，這是修行的大忌。把不必要的應酬統統放棄，喜歡場面，喜歡形式熱鬧，於實際修行沒有好處，應引以為戒。

修佛人開示弟子無處不在，他們會從一件小事中教弟子洞悉事物的本真原貌。

有一次，佛陀和他的侍者在遠行的中途停下來歇息，佛陀饑渴難耐，對侍者說：「我們剛才好像經過了一條小河，你去取些水來解渴。」

侍者拿著容器很快就來到了小河邊，但很巧合不遠處的一隊商人騎著馬從小河裡疾馳而過，溪水頓時變得渾濁不堪。

於是侍者轉身回去，對佛陀說：「我正準備盛水的時候，不巧一隊商人騎馬從河水中踐踏而過，溪水被弄髒了，不能喝了！據我所知，前面不遠就有一條小河，河水非常清澈，而且離我們這裡也不是很遠，如果我們現在起身的話，兩個時辰就能趕到那裡。」

佛陀生氣地說：「我們離這條小河很近，更重要的是我現在口渴難耐，為什麼還要再走兩個時辰的路去找水呢？再說，也許你這次去，也許會有不同的收穫？」

侍者滿臉不悅地拿著容器又朝小河走去，並在心裡不停地嘀咕：「剛才我明明看見水那麼髒，根本就不能喝，現在又讓我去，這不是白白浪費時間嗎？」

可是當他再次來到小河邊的時候，卻發現河水那麼清澈、純淨，泥沙早已不見了。

淡定小語

還未知事情的最終結果時，不要急著下結論，人的雙眼沒法與真理抗衡，有時候，親眼看到的未必就是真實的，更何況世上的事時時刻刻都在不停變化著。因此，要多一份耐心等待和觀察，而不是過早貼上標籤，打上烙印，以免留下遺憾和悔恨。

看淡外在評價

一個人如果對自己的認識不夠，心中不能自主，就會經常受外境的影響。不要太注意別人對你的想法和看法，你活著是為你自己，把外界的印象看淡一些，你會生活得更加輕鬆。

印光大師如此教化弟子們：「汝是何等根機，而欲法法咸通耶？其急切紛擾，久則或致失心。」（《晚晴集》47）弘一大師以此自我警戒，其低調、其智慧、其修佛之心可見一斑。

眾生處事張揚，或者智慧受阻，是因為他們太在意外界的看法，執著於外向，很難開悟。

白雲禪師曾在方會禪師的座下參禪，學習了很久依然無法開悟，方會禪師也為他遲遲找不到入手處而著急。

有一天，方會禪師帶著白雲禪師來到了廟前的廣場上閒談。

方會禪師問：「你還記不記得你的師父是怎麼開悟的？」

白雲禪師回答：「我聽說是因為一天摔了個大跟斗，才突然開悟的。」

方會禪師聽完以後，什麼也沒有說，只是故意發出了幾聲冷笑，轉身揚長而去，白雲禪師愣在當場，心想：「是不是我說的不對呢？是不是有什麼地方說錯了呢？為什麼大師會恥笑我呢？」

從這以後，白雲禪師總是想著方會禪師的笑聲，幾天下來，根本沒有心思吃飯，就連睡夢中也常被方會禪師的笑聲嚇醒。終於，他忍受不了內心的煎熬，前往方丈的禪房請求大師明示。

方會禪師聽他訴說了幾日來的苦惱後，說：「你還記得在廣場上表演把戲的小丑嗎？你比他差不了多少。」

白雲禪師聽了大吃一驚，連忙問：「究竟是什麼意思啊，請師父指點！」

方會禪師說：「小丑使出渾身解數，為的是博取觀眾的一笑，你卻害怕人笑。我那天只不過衝著你笑一笑，你就為此而不思飯食，夢寐難安，像你這麼認真對外界的人，連一個表演把戲的小丑都不如，如何滲透無心無相的禪法呢？你太執著於外界的假相，從而生起得失心，所以才會產生痛苦啊！」白雲禪師一聽，立刻就大悟了。

淡定小語

自己的喜樂憂苦都被別人左右，便是失去了自己。得意時不張揚，失意時不自卑，低調的智慧是由內而外的，凡事只有真正從內心出發，才能為自己留足可發揮的空間和可迴旋的餘地。

修一份平和心

平和是一種心態，擁有這種心態是一種幸運，更是一種氣度。修一份平和之心，生活才能多一份淡雅之情。即使你我並非天生就能寵辱不驚，但仍可以修得一份淡看庭前花開花落的從容心態。

印光大師曾云：「當主敬存誠，於二六時中，不使有一念虛浮怠忽之相，及與世人酬酢，唯以忠恕為懷，則一切時，一切處，惡念自無從而起。」（《晚晴集》48）弘一大師借此教化世人，不要有虛浮怠忽之相，要以忠恕為懷，則惡念自然無從而起，業障才能消除。

人之悲歡在於心念之間，參透生死，則面對悲歡亦能平淡安然；執著於生死之間，則飽受折磨之苦。

有一位飽經風霜的老人，年輕時由於戰亂失去了一條腿；中年時，妻子因病而撒手人寰；沒過多久，和他相依為命的兒子又在一次意外的車禍中喪生。他覺得世界對他太不公平了，於是到寺院請求佛陀開示，希望能夠得到解脫。

佛陀默默地盯著老人看了很久，然後，撿起地上的一片樹葉舉到他的眼前，若有所思地說道：「你仔細看看，它像什麼？」

這時恰是深秋，葉子早已枯萎。老人知道這是一片白楊樹的葉子，可是，它到底像什麼呢？

老人默默思考著，此時佛陀說：「難道你不覺得它像一顆心嗎，或者說，它就是一顆心呢？」

佛陀的話提醒了老人，的確，這片樹葉看起來太像一顆心了，老人的內心為之輕輕一顫。

「再看看它上面都有些什麼？」佛陀將樹葉湊到老人的眼前。老人清楚地看到，樹葉上有很多大大小小的洞。

佛陀把葉子放到了手掌中，緩緩地說道：「它在春風中生芽，在陽光中長大，到寒冷的秋末，走過了自己的一生。在此期間，它默默地承受蚊蟲的叮咬，以至於千瘡百孔，經受了狂風的肆虐，可是它並沒有凋零。葉子之所以完整地走完了它的生命歷程，完全是因為它對陽光、泥土、雨露充滿了無限的熱愛，相比之下，那些挫折和打擊又算得了什麼呢？」

當每天的太陽照常升起，我們並不感覺到這是一種多麼大的賞賜，而只有我們失去光明，失去溫暖的時候，才會真正瞭解此刻是多麼幸福。

淡定小語

人的一生難免經歷種種挫折和痛苦，但是要牢記，只要心中有幸福的種子，便會開出美麗的花朵。

不被煩惱迷惑心智

煩惱雖然由某件事觸發而來，但卻是由內心而生。人在煩惱的時候很容易做出錯誤的決定，所以衝動的時候只需要儘快讓情緒平和，而不要做任何決定。這樣心智才會保持原來的聰慧無瑕。

弘一大師曾用《觀無量壽佛經》中的一句話，解答人們對「煩惱」的提問：「無憂惱處，我當往生，不樂閻浮提濁惡世也。」（《晚晴集》52）

淨空法師講述摘要

此文是《觀無量壽佛經》中佛為韋提希夫人所說的，她覺悟了，她親眼看見的。當時她遭遇家庭變故，痛不欲生，求釋迦牟尼佛替她找一個安身之處，不願再住在這個世界。佛很慈悲，並沒有給她介紹一個地方，而是把十方諸佛世界，以佛的神力變現在她跟前，她看來看去，覺得西方阿彌陀佛極樂世界是最好的地方，請佛幫助她生到極樂世界，不願意再待在這個娑婆世界。韋提希夫人此種舉動是警惕我們這些迷惑顛倒留戀娑婆世界的人。

有時候人們所追求的並不是他們內心想要的，他們只是受了外界的迷惑，置身於暫時的煩惱而找不到正確的方向。弘一大師並非要每個人都棄世出家，只是教化眾生如何看破世間煩惱，如何回歸真我。

無德禪師收了很多年輕的學僧，並告誡他們必須把所有的俗念忘掉，做到「色身交予常住，性命付給龍天」，否則山門是不會容納他們的。

但是學僧們卻不能嚴格要求自己，有的好吃懶做，有的貪圖享受，有的嚮往外面的花花世界。

無奈之下，無德禪師只得將他們召集起來，希望可以度化他們。無德禪師對學生們說：「我給你們講一個故事，如果聽完之後你們依舊不能有所悟，就請離開。」

有個人死後，靈魂來到了一個陌生的地方。剛一進門，司閽就問他：「你喜歡吃嗎？你喜歡玩嗎？你討厭工作嗎？」

這個人說：「我喜歡吃喝玩樂，不喜歡做任何事情。」

司閽說：「那好，這裡正是你最好的歸宿。這裡有很多誘人的食物，你可以隨便吃喝；也可以在這裡無憂無慮地睡覺，不會有人打擾；這裡還有很豐富的娛樂活動，讓你盡情地歡樂。」

聽完司閽的話，這個人很高興地留了下來。

很快三個月過去了，這個人漸漸厭煩了這種生活，跑去見司閽，央求道：「這種日子實在是太乏味了。因為玩得太多，我已經膩了，對娛樂提不起任何興趣；由於吃得太飽，我的身體不斷發胖，行動非常不方便；由於睡得時間太長，我的頭腦已經變得很遲鈍。您能給我找一份工作嗎？」

司閽笑了笑說：「實在很抱歉，這裡沒有工作。」

又過了三個月，這個人實在忍受不了了，又跑去找司閽：「這種日子我實在受不了了，如果再不能工作，我寧願下地獄！」

司閽哈哈大笑道：「這裡本來就是地獄啊！這裡能讓你失去理想、失去創造力，沒有了前途、沒有了希望，你的意志將會漸漸消沉，人格也會漸漸腐化。這種心靈的煎熬，比上刀山下油鍋的皮肉之苦不知要痛苦多少倍！」

淡定小語

人生的意義不是享福，而是經歷實現夢想的過程，經歷通向幸福的過程。所以，有夢想、有創造、有挑戰、有目標的人生才是幸福的人生。一切被煩惱所擾、被誘惑所蒙蔽的選擇，都是離自己越來越遠的選擇。

及時活出生命真諦

生命無常，人生幾十年看似很長，其實只在瞬息之間。面對生命，我們無暇置身於爭鬥，無暇顧念左右逢源，只在乎是否活出了生命的真諦。用一顆平常心去感悟，如果能謙虛修行，生活就是佛。

弘一法師對生命的詳解叫人念念不忘，他曾引用天如禪師這幾句話將生命的真諦闡釋得至清至純：「人生能有幾時？電光眨眼便過！趁未老未病，抖身心，撥世事；得一日光景，念一日佛名；得一時工夫，修一時淨業。由他命終，我之盤纏預辦，前程穩當了也。若不如此，後悔難追！」（《晚晴集》57）

淨空法師講述摘要

真醒覺的人，才能說得出來這幾句話。六十歲以上的人體會得更深刻，回想少年時代如同昨日。年輕時玩伴先後作古。趁著未老未病，先預備盤纏。老了想用功，精神不夠，如打個精進佛七，七天七夜不停，要體力，老人不行。修行要靠年輕，人命呼吸間，趁此時刻，抖擻精神，把世事放下。

生命如此短暫，所以生命中的選擇也更加重要。一天，佛陀在弟子們乞食歸來後，問他們：「弟子們！你們每天忙忙碌碌托缽乞食，究竟為了什麼？」

弟子們雙手合十，恭聲答道：「佛陀！我們是為了身體的滋養，以便長養色身，求得生命的清淨解脫啊！」

佛陀用清澈的眼光環視了弟子們之後，又問道：「那麼，你們且說說肉體的生命究竟有多長久？」

「佛陀，眾生的生命平均起來有幾十年的長度。」一位弟子充滿信心地答道。

佛陀搖搖頭道：「你不瞭解生命的真相！」

另一位弟子見狀，充滿肅穆地說：「人類的生命跟花草差不多，春天萌芽出枝；冬天枯萎凋零，化為塵土。」

佛陀露出了笑容，說道：「嗯，你體察到了生命就像花草的生命一樣短暫，但是對佛法的瞭解，還僅限於表面。」

「佛陀！我覺得生命就像是浮游生物一樣，早晨剛出生，到了晚上就會死亡，充其量不過一個晝夜的時間。」一位弟子無限悲愴地說道。

「哦！你雖對生命朝生暮死的現象能夠觀察入微，但對佛法的參悟還是不夠深入。」

在佛陀不斷地否定和啟發下，弟子們的靈性被激發出來了。有一個地子說道：「佛陀！其實我們的生命和朝露沒有不同，看起來很美，但是被陽光一照射，一眨眼的工夫，就會乾涸枯竭了。」

佛陀含笑不語。

弟子們開始竊竊私語。

這時，一位弟子站起身來說：「佛陀！依弟子看，生命只不過在一呼一吸之間。」

佛陀聽罷，滿意地點點頭說：「人生的長度，就是一呼一吸，只有這樣地認識生命，才是真正地體會到了生命的精髓。弟子們，你們千萬不可懈怠放逸。」

淡定小語

不要把事物看得過於複雜，真理往往是簡單而樸素的。我們應該用一顆平常心去面對生活，把握生命的每一分鐘、每一時刻，好好珍惜自己的生命，活出生命的真諦。

05

心不動更淡定

淡定是人的定慧，
只有內心堅強的人才淡定，只有內心沒有恐懼的人才從容。
想要修一顆淡定的心，就要有一種巋然不動的定慧作為根基。

遠離內心的煎熬

看似平靜的茫茫人海，誰又知道誰真正想什麼。人們平靜的外表下都承受著內心的煎熬，想要遠離內心的煎熬，就要放下憤怒，遠離貪婪。不再作繭自縛，心靈自得寧靜。

弘一大師借妙什禪師之語，為眾人開示：「於此聲色諸境，作地獄想、苦海想、火宅想；諸寶物作苦具想；飲食衣服，如膿血鐵皮想。」（《晚晴集》59）

淨空法師講述摘要

人都喜歡娛樂的場所，它叫你的心動感情，起貪瞋癡慢，要把這些地方當作地獄苦海火宅想。世間人喜歡珍寶，我說它是破銅爛鐵。戴個鐲子與戴個手銬有什麼兩樣，身上什麼都沒有才舒服。

人若為外物所牽絆就會動心起念，備受煎熬。只有身心自在，才不為外物所牽。

有個婦人，經常為一些瑣碎的小事大發雷霆，雖然她知道這樣很不好，但是卻無法控制自己。天長日久，她終於再也忍受不了了，於是去向高僧求助，希望禪道可以幫助自己擺脫痛苦。

高僧聽了她的講述之後，沉默了片刻，隨後把她帶到了一座禪房中，然後將門反鎖之後離開了。

開始時，婦女氣得破口大罵，見高僧不理會，又開始哀求，但高僧依然沒有理她。後來，婦人見於事無補，終於沉默了。

高僧來到門外，問她：「你現在還生氣嗎？」

婦人說：「我現在真是恨死我自己了，我怎麼會到這裡來受這份罪？」

「連自己都不原諒的人怎麼能心如止水？」高僧說完後拂袖而去。

過了一會，高僧又問她：「現在你還生氣嗎？」

婦人說：「不生氣了。」

高僧又問她：「那是為什麼？」

婦人回答說：「氣也沒有辦法啊！」

「你的氣並未消逝，還壓在心裡，爆發後會更加強烈。」高僧說完後又離開了。

等到高僧第三次來到門前，婦人告訴他說：「我已經不生氣了，因為我終於明白了不值得氣。」

高僧笑著說：「你現在還知道值不值，可見你的心中還有衡量，還是有氣根。」

當高僧第四次站在門外的時候，婦人問高僧：「大師，到底什麼是氣呢？」

高僧打開門，緩緩地將手中的茶水傾灑於地。婦人看了，思悟了許久後，似有所悟，隨即叩謝而去。

淡定小語

我們常常將悲歡取決於他人的一顰一笑間，為了一句話耿耿於懷，為了一件小事困坐愁城。佛法有云：增加一份定力，就減去一份痛苦；能放下一份是非比較，即能遠離人事的煎熬。所以，做人不要太計較，不要因為一些小事動不動就發火，這樣，你就會少一分傷害，多一分快樂。

學會選擇，學會放棄

一個行囊，如果裝得太滿就會很重、很累。一個生命背負不了太多的行囊，拖著疲憊的身軀走在人生大道上，我們注定要拋棄很多。有些時候，果斷地放棄才是最好的選擇。

弘一大師引妙什禪師之言，告誡人們要懂得放下：「惟名聞利養，甜愛軟賊，及瞋心瞋火；雖有佛力，不能救焉！行者當深加精進，以攘卻之！」（《晚晴集》62）

淨空法師講述摘要

有貪有瞋，諸佛如來都救不了，自己要精進不懈，把貪瞋癡三毒從內心中拔除。日常生活中要警惕，名利不是好東西，要捨棄。貪、瞋、癡害不了別人，只害自己。念佛之人若真放下，才有感應，早一天放下，早一天得大自在。……在未去之前，在此世界一切環境亦得自在，順逆都自在，自在是真正幸福快樂的人生。

有一個人總是喜歡獨來獨往，外出辦事時也從不結伴而行，即使路途遙遠，跋山涉水也不例外。可是有一次他外出時不小心掉進了深谷裡，生命危在旦夕之際，他伸手奮力抓住深谷邊上的一根枯藤，暫時保住了性命。

但是他人在半空，上不得也下不得，危險隨時還會來臨，在這危急時刻，他突然看到佛祖就站在不遠處的懸崖上，於是他求佛祖解救自己：「大慈大悲的佛祖！求您救救我！我被困在這半山腰真的是難受死了，我知道我過去做過很多錯事，但是如得到佛祖的救赦，我一定一心向佛，多做善事。」

佛祖微笑著說：「我就是來救你的，但是你只有聽我的話，我才有辦法救你上來。」

「只要佛祖發慈悲，我一切聽從安排。」

「那好，請把你的手放開！」

此人一聽，心想：「下面是萬丈深淵，如果我放手一定會被跌得粉身碎骨，佛祖這不是害我嗎？」於是他搖搖頭說：「佛祖你還是想想別的辦法吧！」

佛祖見他如此執迷不悟，只好搖搖頭走了。

其實由於天氣太黑，看不到下面的情況，他離地面不過幾公尺而已，而且下面還是厚厚的沙土。

放手，未必會死。所謂捨，就是失去；所謂得，就是得到，捨與得實際上是並存的，是一種取捨的哲學。捨得之間，體現了一種和諧之美，是一種大智慧。

淡定小語

人生是一個患得患失的過程，魚和熊掌不可兼得乃是常事，不肯捨，就不會得。當你抓住一件東西不放，你就只能擁有這件東西；但如果你肯放手，表面上雖然有所損失，可是會得到更多的選擇機會。若不肯放下，人生道路只會越走越窄。

不強求自有收穫

人們常困於自己的各種執著，而難以放手、看破，因強求卻不可得而心生不悅。其實，我們只要努力了，只要運用了所有可以運用的智慧，包括運用別人的智慧，那麼收穫自在其中。

強求是世人的一種貪心，弘一大師在談及這種貪心時，引用了妙什禪師的一句話：「又復當護人心，勿使誇嫌，動用自若；息世雜善，不貪名利，將過歸己，捐棄伎能，惟求往生。」（《晚晴集》63）

淨空法師講述摘要

大多數人都有這些障礙，須認真檢點自己，有無貢高我慢，嫌棄他人之習氣。世間善事，一切隨緣，不必勉強。為名聞利養而作善事，果報還是在三界中。世人每天辛辛苦苦為名利是求，若看不破就脫離不了生死輪迴。過去不知道每天追逐名利，佛點醒我們的迷關，方知已往之非。

不強求，而功德自在其中。只要懂得利用一切可以利用的智慧，就能得到自己想得到的。

有個小和尚，他剛來寺院時只有七歲，所以僧眾們都當他是孩子，事事謙讓，時常會幫他做些雜物，天長日久，小和尚已經習慣了接受別人的幫助。

一晃十幾個年頭過去了，小和尚長大了，而且又高又壯，可是曾經幫助過他的人卻老了。

一天輪到小和尚和師兄擔水，十多年了，他們一直是搭檔，而且師兄非常照顧他，但是現在師兄老了，擔著水上山非常吃力，可是小和尚絲毫沒有憐惜他的意思，不停地催促，甚至抱怨他走得太慢，耽擱了時間。

天長日久，小和尚厭煩了和師兄一起擔水，於是找到方丈：「大師，我不想和師兄搭檔了，他年老力衰，根本趕不上我，太耽擱時間了，你還是給我換人吧！」

方丈聽後，問小和尚：「你來廟裡時幾歲？」

「七歲。」

「當時你可擔得動水。」

「擔不動。」

「可敲得了鐘。」

「敲不了。」

「那你的工作是怎麼完成的呢？」

「是師兄幫我的。」

「他可曾嫌棄過你，喝斥過你？」

「不曾。」

方丈語重心長地說：「誰都有所不能，都需要別人的幫助，也都幫助過別人。你現在還想換人嗎？」

小和尚羞愧地低下了頭。

人都有自己所不能夠辦到的事情，借助外力無時無刻不存在於我們的生活和工作中，只不過大多數人沒有意識到罷了。

淡定小語

聰明的人善於借助別人的力量，善於從他人的身上汲取智慧而為我所用。能夠發現和運用別人的智慧和才能，你就成功了一半。設想，如果所有的同事和朋友都為你的工作獻計獻策，那你工作起來會更加得心應手；如果你也能夠在別人需要幫助時，伸出援助之手，那你一定會得到尊重。

以一顆禪心做事

禪心總是能夠讓人開悟。相對於內心來說，一切都是外物，外物都是讓自己開悟的工具，而不是我們內在的本體。斧頭鐮刀是工具，文字書本也是工具，禪心自在於工具之外，只有真心體悟才能得到。

幽溪法師曾云：「娑婆有一愛之不輕，則臨終為此愛所牽；矧多愛乎？極樂有一念之不一，則臨終為此念所轉；矧多念乎？」（《晚晴集》64）弘一大師對此深有同感。

淨空法師講述摘要

愛不重不生娑婆，念不一不生淨土。嗜好每人都有，只要有一項，就是牽引你在六道輪迴之原因。……喜歡經典也是貪愛，也是障礙。有人喜歡佛像，收集古董佛像，珍惜至切，來生依舊搞輪迴。往生最重要的標準是佛在《無量壽經》中告訴我們的「一向專念」。《彌陀經》的標準又高一層是「一心不亂」，如夾雜其他念頭，一向專念就達不到，專念尚且不成，一心不亂更做不到。

禪心就是一顆定慧之心、一顆不為外物所亂的心。

一次，慧能禪師在一個人家借宿，發現主人午休時在念經，慧能傾耳細聽，但是感覺有些不對，於是對主人說：「你常常會誦經嗎？你理解其中的含義嗎？」

主人搖搖頭說：「經文真是太晦澀了，我沒有辦法理解。」

於是慧能就將剛才聽到的經文講解給他聽：「當我們為名利奔波了一生後，我們想得到什麼呢？當我們的生命走到了盡頭，心跳和呼吸都將停止的那一刻，我們最想做的事情是什麼呢？當我們的身體開始腐爛，塵歸塵，土歸土，我們又在哪裡呢？」

聽了慧能禪師的講解之後，主人似有所悟，並隱約看到了生命的曙光。

之後，主人又翻出佛經中他不理解的部分，想請慧能幫自己解釋，可是慧能笑著說：「施主，我並不識字，所以沒有辦法為你解讀，不如你直接讀給我聽吧！」

主人聽了慧能的回答之後非常吃驚，問道：「你既然不認識字，又怎麼能夠理解其中的內涵呢？這真是太奇怪了。」

慧能笑著說：「佛經的玄妙和文字並沒有關係。文字很多時候只是一個輔助工具而已，佛經的內涵是需要用心去體會和理解的，這就如同騎馬不一定要勒緊韁繩一樣。」

淡定小語

文字可以幫我們記載一些東西，可以幫我們入門，但是並不能替代我們的頭腦，所以不可死讀書，不可盡信書本，一定要有自己的思想和觀點，讓自己的思想自由馳騁。

愛是成長，美是心境

許多人都曾為情愛所困，為美麗傾倒，但真正的愛，並不是世間人所求的雙宿雙飛，而是內心的成長。真正的美麗也不是外在的容貌，而是一顆樸素的內心。

關於人間情愛，弘一大師也引述幽溪法師之語：「若生恩愛時，當念淨土眷屬無有情愛，何當得生淨土？遠離此愛。若生瞋恚時，當念淨土眷屬無有觸惱。」（《晚晴集》65）

淨空法師講述摘要

此是觀想方法，西方世界人絕無情愛，我們也應當放棄，恢復到心地清淨平等。面色表示怒容者謂之「瞋」，心內不高興不表現於外者謂之「恚」。比較有修養者，喜怒不形於色。

有一個財主，他的妻子生了七個如花似玉的女兒，為此他高興得不得了。每當有客人來訪，他都會叫出女兒展示一番，而每一位來訪的客人也都會對他花容月貌的女兒讚不絕口。

有一次，一個客人來訪時，財主按照慣例又叫出了自己的女兒，並問客人：「你覺得我的女兒美嗎？」

客人微笑著說：「這樣吧，我們來打一個賭，賭金是五百兩黃金。你讓你的女兒們盛裝打扮一番，然後到大街上行走，如果遇到他們的人都說她們漂亮，那麼就算我輸，如果有一個人說他們不美，就是你輸。」

聽到有五百兩黃金，財主動心了，於是欣然同意。

在把女兒們精心打扮了一番後，地主帶著女兒們上街了，見到七個女孩的人都說她們很美，財主為即將得到的黃金沾沾自喜。最後財主將七個女兒帶到了佛祖面前，並問佛祖：「大慈大悲的佛祖啊，你覺得我的女兒們美嗎？」

佛祖搖搖頭說：「不美。」

財主難以置信地問道：「可是見過他們的人都說她們很美，您為什麼說她們不美呢？」

佛祖回答說：「世人看的是面容，而我看的是心靈。在我看來，評價一個人美醜的標準不是外貌，而是心靈。如果一個人能不貪錢財，不說惡言，不起邪念，才是真正的美！」

財主聽後灰溜溜地走了。

其實和財主打賭的客人是佛祖的弟子，讓財主到佛祖這裡來是他所安排的最後一站。

評價一個人美醜的標準不是外貌而是心靈，但是很多人喜歡以貌取人，而忽略了內心，其實只有純潔的心靈才是真正的美。

淡定小語

只有美麗的外表，沒有美麗的心靈的人，就算有再多的知識，知識也只能成為裝飾品。正如大哲學家法蘭西斯．培根的比喻：「美德好比寶石，它在樸素的背景襯托下反而更顯美麗。」

讓行為隨本心而動

行為是由內心決定的，心有所想，必有所行動。不管你多麼努力隱藏自己的心跡，你的行為都將把你的所想向眾人如實展示。是光明磊落，還是汙濁不堪，一切端看是否找回本心，活出真正的自己。

弘一大師對袁宏道居士的一語道破很是認同：「五濁惡世，寒熱苦惱，穢相熏炙，不容一刻居住。」（《晚晴集》68）

五濁惡世，但這一切都來源於人們的內心所想，然後才以或汙濁或怪異的現象呈獻給眾人。弘一大師也曾點化在家之人萬事要先想而後動，這樣才能尋得自己的真心跡。

禪宗二祖慧可初入佛門時為了表達決心，揮刀斷臂，拜達摩為師。

一次，他對達摩祖師說：「請你為我安心。」

達摩祖師當即說：「簡單，把你的心給我。」

慧可無奈地說：「弟子無法找到它。」

達摩微笑著說：「那就對了，如你能找到它，那就不是你的心了！我已經幫你安好心啦，你看到了嗎？」

慧可恍然大悟。

幾十年後，慧可終於大悟，成了中國禪宗的第二祖。

一天，僧璨前去拜謁慧可，問他說：「請師父幫弟子懺悔罪過。」

二祖慧可眼前突然出現了當年達摩啟發自己的情景，於是微笑著對僧璨說：「簡單，你把罪過拿來！」

僧璨說道：「我找不到罪過。」

慧可便點化他說：「現在我已經為你懺悔了！你看到了嗎？」

僧璨恍然大悟。

又過了許多年，一個小和尚向僧璨求教，當時的僧璨已經是禪宗的三祖了，小和尚問三祖：「如何才能解除束縛？」

僧璨像慧可一樣想到了當年自己被開悟的情景，於是當即反問：「誰在束縛你呢？」

小和尚說：「沒有誰在束縛我！」

僧璨微微一笑，說道：「那你何必再求解脫呢？」

小和尚豁然領悟。他就是後來中國禪宗的第四祖——道信。

淡定小語

如果一個人只知道醉心於功利，便會被名繩利鎖縛住；如果一個人斤斤計較別人的褒貶毀譽，必會患得患失。貪欲、爭名奪利，哪一個不是伴隨著煩惱、焦慮、嫉妒和猜疑？遇到問題，重要的是自我解脫，而不是求人解脫。

讓世情淡一分

世情常常牽扯著人們，讓人們左右難捨、舉棋不定。其實，在人生路上掙扎的人們看不清，世情濃一分，心就沉重一些。所以在生活之中要懂得培植輕鬆的心情，把世情看淡一分。

弘一大師曾借蕅益大師之言弘揚佛法：「世情淡一分，佛法自有一分得力；娑婆活計輕一分，生西方便有一分穩當。彈指歸安養，閻浮不可留。」（《晚晴集》72）

淨空法師講述摘要

世情要看破看淡，不為世間情愛所累。不求奢侈豐盛，生西方世界才有把握，心在道上不要用在生計上，盡情追求生活享受，道心即退失，往生難有把握。

不要為了顧念人情世故，讓道心退失。顧念人情世故是一種外在的心態，人有時候就會被這種外在的心態所束縛，而讓自己的決定左右搖擺，苦累其心。

來看這樣一個故事：

一個人的父親去世後，他找到佛光禪師說：「久聞大師慈悲，請你為我的父親超度吧！」

佛光禪師欣然同意了，並開始籌備香花素果之類的供品，這個人看到這些東西之後想到了誦經的費用，於是不停追問禪師，誦一卷《阿彌陀經》需要多少錢？

佛光禪師知道他是一個吝嗇鬼，所以想教訓他一番，答道：「誦一卷《阿彌陀經》要十兩銀子。」

「十兩銀子太貴了，禪師看在我一片孝心的份上，還是打個折吧！給你八兩銀子，怎麼樣啊？」

禪師點頭道：「好吧！」

誦經如期開始了，只聽禪師念念有詞地道：「十方諸佛菩薩，請將今天誦經的一切功德，回向給亡者，讓他能往生東方世界。」

這位「孝子」聽了後感覺不對，於是打斷禪師問道：「禪師，你不會是在開玩笑吧，只聽說人死後會到西方極樂世界，你怎麼讓父親到東方世界呢？」

禪師回答道：「施主有所不知，超度到西方極樂世界需要十兩銀子，你堅持要給八兩，只好超度他到東方世界去啦！」

孝子不得已說道：「我再加二兩好了，還是麻煩你超度我父親到西方世界吧！」

這時，棺木裡的父親突然發起火來：「你這個不孝子，為了省幾兩銀子，害得我一下子到東方，一下子到西方，讓我東奔西跑，好不辛苦啊！」

佛法不是商品，怎麼能夠用金錢衡量呢？佛經上說：「心田事不同，功德分勝劣。」同樣，施捨也不能因為受者的價值不同而千差萬別。

淡定小語

佛法無價，不以金錢多寡來決定功德大小，同樣，生活中很多事物也不能用金錢來衡量，親情、愛情、友誼、公益事業、愛心……都是無價之寶，都值得我們付出。但付出一定要是真心的，如果像故事中的「孝子」一樣，既顧念金錢、又顧念世情，最終不免心力交瘁。

06

勇者從容，智者淡定

從容淡定看似簡單，其實包含著無窮的勇氣和智慧。
靜者成事，躁者敗事。
從容和淡定是經歷了無盡的生活磨礪而修來的，
無論遇到什麼事情，能氣定神閒，
這是一種精神的強度、硬度和韌度。

不為情緒所動

人如果讓自己的情緒牽著鼻子走，事情必然會紛擾不斷。情緒就如生長的雜草，時時刻刻試圖吸收我們的智慧，改變我們的生長方向，因此，只有克制自己不為情緒所動，你才能更淡定。

弘一大師引用彭二林居士之語來闡述修佛的定力：「子等歸向極樂。全須打得一副全鐵心腸，外不為六塵所染；內不為七情所困；汙泥中便有蓮花出現也。」（《晚晴集》76）

淨空法師講述摘要

「子」，古時對男子之尊稱。既然發願一心一意求生極樂世界，必須要有一副鐵石心腸，外不為六塵所染，內不為煩惱所動，此謂之鐵石心腸，禪宗稱之為禪定。色、聲、香、味、觸是外塵，法是內塵。世間法不能沾染，出世間法亦不能誘惑我們，心才能定。……內絕不起心動念是定，外不被誘惑是禪。修行有此覺觀工夫與心態，哪有不成就之理。

修行修的是心，心不動則萬物不動。佛家潛心修行之人甚多，來看看雲居禪師的修行吧：

為了潛心修行，雲居禪師每晚都會到寺院後面的山洞裡坐禪。山下的幾個調皮年輕人一直想找機會跟雲居禪師開個玩笑，看看他到底悟道了沒有。

一天晚上，他們藏在了禪師上山的必經之路上，等禪師經過時，一個年輕人從石頭後伸出手放在了禪師的頭上。

他們原以為禪師會嚇得大叫，可是沒有想到的是，禪師竟然站著沒動，反而把他們嚇了一跳，於是急忙縮回了手，灰溜溜向山下跑去。而禪師卻又若無其事地向山上走去。

第二天，幾個年輕人一起到寺院找禪師，並問他：「大師，聽說寺院後的山上經常鬧鬼，你覺得是真的嗎？」

雲居禪師微笑著說：「怎麼可能會有這回事，你們不要信以為真。」

「是嗎？可是我們卻聽說，昨天晚上你就遇到了鬼，而且還被鬼按住了頭。」年輕人繼續說。

雲居禪師聽後哈哈大笑，說：「我昨晚在山上被按住了頭是有其事，不過按我頭的並不是鬼怪，而是一些調皮的孩子在跟我開玩笑。」

「你為什麼這樣說呢？難道當時你就沒有害怕嗎？」年輕人不解地問。

禪師回答道：「鬼怪的手是不會那麼厚實和溫暖的！我又怎麼會害怕！即使真的是鬼怪，也無需害怕，你們沒有聽說過嗎，將軍之勇是臨陣不懼，獵人之勇是不懼虎狼，漁人之勇是不懼蛟龍，而和尚的勇是就是一個『悟』。我連生死都看透了，又怎麼還會有恐懼感呢？」

淡定小語

人生在世，禍福無常，不如意事十常八九，無論遇到什麼危險和困難都要處變不驚，不為情緒和外物所動，只有這樣，才能抓住更多化險為夷的機會。

心念不亂，煩惱自斷

萬念起於內心，又消除於內心，一念生而煩惱自來。想要消除煩惱，必須在任何時候都保持理智清醒。用一雙慧眼向內看，捨棄心中的繁雜，便自有一份平靜如清流流過心間。

弘一大師引述印光法師之言，來點化善友：「業識未消，三昧未成，縱談理性，終成畫餅。」（《晚晴集》86）

淨空法師講述摘要

「四弘誓願」誰都會念，不但教我們如何發心，連修學的方法都告訴我們了。首先要發大願，「眾生無邊誓願度」，即與佛的心願合一。「煩惱無盡誓願斷」，「業識未消」是煩惱未斷，「三昧未成」是心不清淨。此刻不能學法門，要等三昧成就再學法門。現代人前面兩項不要了，先由「法門無量誓願學」開始。如同蓋樓房，一樓二樓都不要，只蓋第三層，大錯特錯，光陰都虛耗了。

有一個愚笨之人，一直過著貧窮的日子。

一天，大雨淋塌了他家的院牆，在整理廢墟時，他從牆裡挖出了一罐金子，從此告別了貧苦的日子。生活境遇雖然改變了，可是他的愚笨卻並沒因此而得到改善，這使得他非常的苦悶，於是決定找當地的高僧幫忙。

愚笨之人來到寺院，問禪師：「我怎樣做才能變得聰明呢？」

禪師回答道：「方法其實很簡單，用你的錢去買別人的智慧就可以了。」

聽了禪師的話後，愚笨之人來到了城裡，希望可以碰到一個有智慧的人。恰巧有一個僧人從他身邊經過，於是他叫住僧人說：「大師，你能把你的智慧賣給我嗎？」

僧人答道：「當然可以，不過我的智慧很貴，一句話一千兩銀子。」

愚笨之人回答道：「只要能買到智慧，我願意。」

於是僧人對他說：「其實得到智慧的方法很簡單，只要你在遇到困難後，能夠靜下心來，向前走三步，然後再向後退三步，如此反覆三次就可以了。」

愚笨之人用懷疑的口吻問：「智慧難道真的就這麼簡單嗎？」

僧人微笑著說：「施主還是先回去吧，等到你覺得我的話不假時，再來找我付錢吧！」

愚笨之人回到家已經是深夜了。進門之後，他發現自己的妻子居然和另一個人睡在一起，於是怒從心生，到廚房拿起菜刀想將他們都殺死。

可是到了房間門口，他突然想起了僧人的話，於是向前走了三步，然後再向後退三步，如此反覆了三次。他的走動驚醒了屋中沉睡的人，於是屋裡有人問：「兒啊，你在幹什麼呢？深更半夜的！」

愚笨之人一聽，原來是自己的母親，他倒吸了一口涼氣，暗自慶幸道：「若不是我白天聽了僧人的話，今天就錯殺母親了！

第二天，他早早地就將銀子給僧人送了去。

淡定小語

人在面對事情時要懂得遏制自己的情緒，心平氣和地去處理；如果做事不三思，失去對情緒的掌控，事情只會變得越來越糟糕。

勇者回頭自省

路是要一直往前走的，但走過一段時間，我們是需要回頭看看；回頭看時，我們會看到自己成長的腳印、走過的冤枉路，也會從中發現很多我們一直求索的東西。人生之路，勇者應時刻記得回頭自省。

弘一大師引印光法師之語向眾人開示：「汝妄想之心遍天遍地，不知息心念佛，所謂向外馳求，不知返照回光。」（《晚晴集》91）

淨空法師講述摘要

很多人都有這種毛病，妄想就是念頭，妄想太多，一天到晚胡思亂想，宗門所說的「向外馳求」。清淨心中本來無一物，一個妄想都沒有。神秀說的塵埃就是妄想，「返照回光」是平息妄想的好方法。觀世音菩薩說出自己的修持方法：「反聞聞自性，性成無上道。」我們不肯回頭，佛家常說回頭是岸，古聖先賢教我們回首如意。古人手上常常拿著如意，因如意是回頭的，時時刻刻提醒自己，尤其富貴人家都有此物，提醒自己要回頭。世間人求功名富貴，也要知足。

勇敢者要用真心待人，真誠之處回頭可見。

一次，一位饑餓難耐的官員和一位很長時間沒有吃飯的高僧一起用餐。當時桌子上有兩碗麵，一碗多一些，一碗少一些，官員為了表示謙讓，將多一些的那碗麵推到了高僧的面前。

高僧毫不客氣地端起麵，狼吞虎嚥地吃了下去。吃完後，官員又將小碗的麵遞到高僧的面前，對他說：「大師如果沒有吃飽，就將這碗麵也吃了吧。」高僧二話不說，端起那碗小碗的麵吃起來。

看著高僧將兩碗麵全部吃光後，官員厲聲斥責道：「你是什麼得道高僧，連起碼的禮貌都不懂，我看不過是浪得虛名罷了。你很餓，難道我不餓嗎？出家人以慈悲為懷，你就是這樣普度眾生的？」

高僧緩緩地說：「一開始，你將大碗的麵推到我的面前，而我原本就想吃大碗的麵，如果我再推到你的面前，那就不是出自我的本願了，我為什麼要那麼做呢？之後你又將小碗的麵讓給我吃，而我原本也是想吃小碗的麵。所以我也沒有必要違背自己的意願去推辭。我的兩次不推拖是出於真心，施主的兩次謙讓是出自你的真心嗎？」

聽了高僧的話，官員茅塞頓開。

過於謙讓不過是虛假的表現。壓制自己的真心去做不願意的事情，表面上獲得了別人的稱讚，但是卻違背了自己的意願。

淡定小語

坦率真誠是做人的真諦，當你對別人謙讓的時候，不要苛求對方回報。你只能告訴自己應該怎麼做，但是不能要求別人也這樣做。

境界滋養智慧

凡是有境界的人，都有著理性的自控能力，這對人的智慧是一種滋養。禪理其實和生活相連，只有經過長久的追尋和深刻的思索，持續在實踐中自省，才能真正悟得人生的真諦。

印光法師對眾多出家之人曾發出下述感慨，弘一大師對此頗有同感：「今見好心出家在家四眾，多是好高騖遠，不肯認真專修淨業，總由宿世善根淺薄。今生未遇通人。」（《晚晴集》92）

淨空法師講述摘要

大師痛切感慨之言，發人警醒。發心學佛者都是好人。佛門有句老話：「學佛一年，佛在跟前；學佛二年，佛在西天；學佛三年，佛化雲煙。」如能保持初心，成佛有餘。隨環境而動搖，值得我們隨時警惕。

智者的行腳修行不是只做個形式，而是追求挖掘自身內在的潛力。

一天，希運禪師剛剛踏入禪堂，雲遊的僧眾就圍了過來，希望可以得到開示。

希運禪師問：「你們想得到什麼啊？還是趕緊離開吧！」說著，他用手中的禪杖往外轟眾人。但是慕名而來的眾僧卻不肯離開。

希運禪師只好坐下來，說：「你們這些人根本就不配讓人開示。表面上看來，你們在行腳修行，看到有千人的禪院就蜂擁而至，聽說某人已經開悟，就趕過去希望得到開示。但是這種行為只能被人譏笑，你們根本就沒有明白，到底什麼是參禪悟道。當初我行腳時，如果在荒野裡能夠遇到人，也會跟他攀談，看他是否有所領悟。你們如果真心向佛的話，就要振作精神。」

看僧眾們一臉茫然，禪師繼續說道：「如果你們連自己的事情都沒有搞明白，只知道一味學習別人的言語，然後將聽到的東西大肆宣揚，說自己已經悟道。難道這是真的悟道了嗎？你們不應該在我這裡浪費時間，更不要輕率從事，空過了一生，要不然只會讓人譏笑。如果你們明白我說的話，那就趕緊離開這裡。」

智者之所以為智者，並不是因為他們能從外界獲得更多的智慧和經驗，而在於他們能夠挖掘出自己的心智。

淡定小語

很多時候，我們眼中常只看見自己的努力，且盲目崇拜一些不切實際的東西，不能保持清醒的頭腦和理智，看清自己。盲目地追尋不會讓你前進。人要看到別人的優點，正視自己的缺點，挖掘自身的潛力，才是誠信篤行。

淡定讓你無所憂懼

平心靜氣就會心安，就不會有恐懼和擔心。淡定能讓你平靜如水。不要太在意外界的東西，也不要在意外界的東西有什麼隱含的意義，內心的那份淡定能讓你戰勝一切，面對一切。

弘一大師大師借印光法師之語，解說消除恐懼之法：「心跳惡夢，乃宿世惡業所現之兆。然現境雖有善惡，轉變在乎自己。惡業現而專心念佛，則惡因緣為善因緣。」（《晚晴集》94）

淨空法師講述摘要

心跳惡夢，這些現象是過去惡業種子在夢中現行，不必介意。《金剛經》說：「凡所有相，皆是虛妄。」夢中相是虛妄的，跟前的森羅萬象也不是真實的。覺悟的人知道這是業習種子現行，善惡境界都不能脫離輪迴。世尊在《楞嚴》會上說：「若能轉物，則同如來。」我們沒辦法轉境界，印祖（按：印光法師）叫我們專心念佛即能轉境界，在善惡因緣纏繞時，立刻提起念佛的警覺性。

恐懼和不安總是由心而生，那是因為人們太在意了。人們太在意外在的東西就容易產生恐懼，就容易被某個不好的念頭糾纏。

從前，有一位禪師門下有五百弟子，其中一個弟子的名字叫「惡者」。弟子覺得這個名字不好，於是每天纏著師父給他改名字。禪師被纏煩了，於是隨口應道：「你自己去外面找名字吧，如果有中意的，回來告訴我。」

小和尚聽了師父的話後，高高興興地下山了。

小和尚走到第一個村落時，恰巧碰到了一對送葬的人，於是上前問道：「施主，能否告訴我死者的名字啊？」

一個送葬的人告訴他死者叫「有命」。小和尚聽了後不住地搖頭，自言自語道：「叫『有命』卻沒了命，真是奇怪。」

送葬之人聽到小和尚的話後，不禁笑著說：「名字只是一個符號而已，跟生死有何關係，你還是出家人呢，為何如此糊塗？」

小和尚邊走邊想送葬之人的話，不知不覺進了村莊。在經過一戶富有人家時，他看到主人正在用鞭子抽打一個女僕，於是上前去解勸。主人說女僕借他家的錢沒還，所以該打，不用解勸。

小和尚看女僕可憐，於是俯身問道：「施主叫什麼名字啊？」

女僕怯生生地回答：「寶玉。」

小和尚覺得莫名其妙，說：「你叫『寶玉』卻沒有錢還債，在這裡挨打。」

女僕哭著說：「名字只是父母給的符號，並不代表什麼，跟我的財富更是沒有關係。」

小和尚似有所悟，於是打算回去了。

在回去的路上，他遇到了一個迷路的老者，於是好心為對方指明了方向，在臨別前，他問老者：「老施主，你叫什麼名字啊？」

老人回答道：「指南。」

小和尚摸著頭說道：「叫『有命』的沒了命，叫『寶玉』的卻沒有錢，叫『指南』的不認識路，難道名字真的只是一個符號？」

老人聽到他的自言自語後，說：「小師父說得對，名字只是一個符號而已，不必太在意。」

這一趟下山讓小和尚放棄了自己對名字的執著，於是回到寺院後告訴師父不再改名字了。

淡定小語

名字只是一個符號而已，對你的人生沒有絲毫的意義。身邊的人能不能夠認可你，不在於這些毫無意義的外在，而在於你自身的能力和品質。多一份能力和品質，你就多一份淡定與從容。

存一顆吃苦心

天將降大任於斯人也，必將苦其心志，勞其筋骨。存一顆吃苦心，體現了人的一種心理承受能力。一旦環境改變了，物是人非了，再多的抱怨也無法改變現實，還是要去適應環境。所以長存一顆吃苦心是生存的智慧。

勞苦總是給人以警醒，弘一大師曾拿印光法師的話，來教化那些迷醉於聲色場上的人們：「具縛凡夫，若無貧窮疾病等苦，將日奔馳於聲色名利之場而莫之能已。誰肯於得意烜赫之時，回首作未來沉溺之想乎？」（《晚晴集》97）

淨空法師講述摘要

被煩惱纏繞的凡夫，假如沒受貧窮疾病等苦，不見得是好事情。貧窮疾病中是在受報，報盡就好了。如無此苦，恐又要去吃喝玩樂造罪業。苦人沒有時間金錢，自然可以避免許多罪過。誰肯在得意時想到將來會墮落。

吃苦心是一種生存能力，是一種能夠承擔悲喜的淡定。

有兩隻老虎，一隻被關在籠子裡供人們觀賞，另一隻自由自在地在森林裡奔跑。

一天，一隻老虎對另一隻老虎說：「我們換一換吧！」另一隻老虎欣然答應了。於是，籠子裡的老虎走進了鳥語花香的大自然，森林裡的老虎則走進了狹窄的鐵籠子。

從籠子裡出來的老虎在森林感受到了無比的自由，盡情地奔跑著；走進籠子裡的老虎也很快樂，因為它從此不再為食物而發愁。

出人意料的是，兩隻快樂的老虎很快就都死了。一隻被活活餓死，另一隻則是憂鬱而死。很顯然：從籠子裡走出來的老虎得到了自由，卻沒有同時得到捕食的本領；走進籠子的老虎獲得了安逸，卻沒有獲得在狹小的空間生活的祥和心境。

淡定小語

成功時，不要得意忘形，因為說不定挫折就在下一刻等著你；失敗時，不要怨天尤人，因為這或許是成功前的黑暗。很多時候，表面上雖然有所損失，但並不意味著就是壞事。塞翁失馬，焉知非福。

無須刻意追求

命裡有時終須有，命裡無時莫強求。刻意追求是過分執著，過猶不及，過分的執著有時候會造成無法挽回的傷害，所以對有些事情，我們無須強求，無須刻意。

弘一大師以印光法師之語勸示眾人：「汝須自知好歹，修行要各盡其分，潛修默契方可，急急改過攝心念佛。」（《晚晴集》101）

淨空法師講述摘要

弘一大師在關房中摘錄祖師大德的警句，用上述一段文字做總結（按：此為《晚晴集》最末句），意義非常深遠。

修行要各盡其分，根性利者可學教參禪，總不如念佛穩當。中下根性，學教參禪得益非常有限，不如老實念佛。出家人的本分是「遠紹如來，近光大法」；在家人本分是「弘法利生，護持佛法」。……修行的態度無須要表現，工夫隨其自然成就，無須與他人爭勝、學愚，自覺一切不如人，自然不會貢高我慢，還要改過遷善，攝心念佛，勇往直前，永不懈怠。

生命中有些事情，是定數也是機遇。就像佛家所說，無需表現，自然天成。

古時候，波斯國有一個國王喜歡在午飯後小睡一會兒，而且每次午睡時，都要讓僕人守候在自己的床邊，以便隨時服侍自己。

一天，國王按照慣例午睡後，兩個僕人分別站在床頭和床尾為他輕輕地搖著扇子。由於天氣太熱，國王一時難以入睡，便閉目養神。

站得時間久了，僕人們也有了些倦意，他們以為國王已經睡著了，為了不打瞌睡，便輕聲地聊起天來。

僕人甲問僕人乙：「你說說，你是靠什麼活著的？」

僕人乙巧妙地回答道：「我是靠尊敬的大王活著，是大王恩賜了我一切。」

接著，僕人乙反問僕人甲：「那你是靠什麼活著的？」

僕人甲說：「我不靠天，不靠地，只相信命運，只聽從命運的安排，命裡有的終須有，沒有的爭也爭不來。」

國王聽完兩個僕人的話後，心中暗暗地讚賞僕人乙，覺得他是一個懂得感恩的人，而對僕人甲則心懷不滿。

過了一會兒，國王假裝從睡夢中醒來，他伸個懶腰坐起身，待兩個僕人為他整好衣冠後說：「你們兩個退下去吧！」

聽到國王的命令後，兩個僕人從國王的寢宮中退了出來。

接著，國王把僕人丙叫進寢宮，對他說：「你去通知王后，一會兒我會派人去給她送酒，她要重重賞賜那個送酒的人。」

僕人丙接到國王的吩咐之後退了出去。

隨後，國王把僕人乙召來，隨手拈來半杯酒，說：「你把這半杯酒送給王后。」

僕人乙接到命令之後，在心中琢磨：「國王宮中的酒有千桶萬桶，為什麼讓我把這喝剩的半杯酒送給王后呢？」王后會發火嗎？由於他太專注於想事情，一不留神撞在了門外的立柱上，頓時，鼻血流個不停。

僕人乙本來就擔心自己給王后送酒會被斥責，現在弄成這樣就更擔心了，但是不去又怕國王怪罪自己，恰巧這時，僕人甲過來了。於是他懇請僕人甲幫忙把酒給王后送去。

僕人甲接過酒杯，說：「你放心吧，這酒我一定幫你送到。」

僕人甲到王后寢宮時，王后正在宮中等候送酒之人，見僕人甲送酒來，就笑著說：「大王讓我賞賜你金幣、珍寶和衣物，我已叫人準備好了，你放下酒杯，收好賞物，快到大王那兒去謝恩吧！」

僕人甲謝過王后，捧著賞物到國王那裡謝恩。

眼見此景，國王十分詫異，立即把僕人乙召喚進宮來，問：「我命你去給王后送酒，為什麼你沒有去呢？」

僕人乙說：「尊敬的國王，並非我不願去給王后送酒，只是我剛一走出宮門就不小心碰破了鼻子，血流不止，這樣去拜見王后有失體統，只好讓僕人甲替我給王后送酒去了。」

國王聽後，嘆息不止，連連說：「我現在明白了，佛語講的實在有理呀，命運是誰也改變不了的！」

淡定小語

命裡有時終須有，命裡無時莫強求。我們雖然沒辦法改變命運，但是只要能保持一份淡定的心態，對於得失不必太在意，生活依舊會美好而知足。

07 讓精神更豐盈

人應該像流水一樣，
高山和窪地，是流水前進所必須面對的困難和誘惑，
但這些困難和誘惑只會暫時放慢它的腳步，
卻不會讓它永遠停留，這是一種智慧。
只有精神豐盈的人才懂得運用智慧之心。
人生之路要修一顆智慧之心，讓你的精神更豐盈。

心定氣平更自如

修養外在言行和修養內在心性是一體之兩面，人只有不斷地重新審視自己，克制自己的弱點，不斷修正自己的言行，才能讓自己的內心維持淨化和清潔。平淡的絕對的清淨，才是人生本來的樣子。

弘一大師告誡眾生：

• 劉直齋云：存心養性，須要耐煩耐苦，耐驚耐怕，方得純熟。（《格言別錄》〈存養類‧第4條〉）

• 寡欲故靜，有主則虛。（《格言別錄》〈存養類‧第5條〉）

• 不為外物所動之謂靜，不為外物所實之謂虛。（《格言別錄》〈存養類‧第6條〉）

• 宜靜默，宜從容，宜謹嚴，宜儉約。（《格言別錄》〈存養類‧第7條〉）

• 敬守此心，則心定；斂抑其氣，則氣平。（《格言別錄》〈存養類‧第8條〉）

心氣平和來自人的內心，而修身和修心一樣重要。

有一個叫元持的學僧在無德禪師座下參學多年，學習非常勤奮，但始終對禪法不曾領悟。

有一次，在晚參的時候，元持特意向無德禪師請示：「大師，弟子遁入空門多年了，可是對一切仍然懵懂不知，空受信施供養，請大師以慈悲為懷，告訴弟子，每天在修持、作務之外，還有什麼是必修的課程？」

無德禪師回答：「你最好看管好你的兩隻鷲、兩隻鹿、兩隻鷹，約束口中一條蟲，並且時刻和一隻熊鬥爭，除此之外，還要看護好一個病人。如果你能做到這一切並善盡職責，相信對你會有很大的幫助。」

元持迷惑地說：「大師！弟子來此參學，身邊並沒有帶什麼鷲、鹿、鷹之類的動物，又怎麼去看管呢？再說了，我想瞭解的是與參學有關的東西，和這些動物有什麼關係呢？」

無德禪師笑了笑，說道：「我所說的兩隻鷲，就是你的眼睛，要你看管好它即是讓你做到非禮勿視；兩隻鹿，是指你的雙腳，你要把持好，做到非禮勿行，別讓它走罪惡的道路；兩隻鷹，指的是你的雙手，要讓它能夠盡到自己的責任，非禮勿動；一條蟲則是指你的舌頭，約束它做到非禮勿言；那只熊是你的心，你要克制它的自私，非禮勿想；而病人，就是指你的身體，希望你不要讓它陷於罪惡。」

聽了無德禪師的教誨之後，元持默默地點了點頭似有所悟。

＊＊＊

人如果耐不住煩苦，就會搬起石頭砸自己的腳。

有一個遊雲僧找到了一座廢棄的寺廟棲身，不久之後，他居然也收了幾個門徒。

每天他都會讓徒弟打掃寺院，管理菜園，而他則像個禪師一樣，像模像樣地打坐，然後把書上的佛理背下一些，給徒弟們曲解一番。

每天中午，和尚都要到自己的禪房裡睡午覺。徒弟們見了，就問道：「大師，你為什麼每天中午都要去睡覺呢？」

和尚說：「孔子每天中午都要睡一會兒，在夢中向周公討教，醒來後用先賢的話教育弟子。我每天睡午覺，也是去見先賢。」弟子們聽了也就不再詢問了。

有一天中午，弟子們在禪房打坐時，實在熬不住睡著了。恰巧和尚進來了，於是把他們叫醒，訓斥道：「你們怎麼能在打坐的時候睡覺呢，難道你們不知道打坐的時候應該心如止水嗎？」

弟子們回答說：「我們去見古聖先賢了，就如同孔子去見他們一樣。」

和尚一聽，愣了一下，他想，「這不是自己每天跟弟子們說的話嗎？如果不能自圓其說，那不是否定自己嗎？」想到這裡，他靈機一動，問：「那麼古聖先賢給你們作了什麼訓示啊？說給我聽聽。」

弟子回答說：「我們見到了先賢，並問『我們的師父每天都來向你們討教，你們都講了些什麼，能不能也告訴我們一點呢？』但是令人奇怪的是，他們竟然說從來沒有見過你。」

和尚一聽，愣在那裡，臉上紅一塊白一塊，非常尷尬。

淡定小語

做人一定要誠實，謊言只會讓自己陷入更深的漩渦而無力自拔，只會使自己失去別人的信任，失去人心。

從容閒暇見涵養

一個人的涵養體現在方方面面，一個有涵養的人，面對繁雜能冷靜處之，面對小事可以泯然一笑。有涵養的人就會有一種淡定的人生。

弘一大師對世人的涵養有所提點：

- 劉念台云：涵養，全得一緩字，凡言語，動作皆是。（《格言別錄》〈存養類・第11條〉）
- 應事接物，常覺得心中有從容閒暇時，才見涵養。（《格言別錄》〈存養類・第12條〉）
- 劉念台云：易喜易怒，輕言輕動，只是一種浮氣用事，此病根最不小。（《格言別錄》〈存養類・第13條〉）
- 呂新吾云：心平氣和四字，非有涵養者不能做，工夫只在個定義。（《格言別錄》〈存養類・第14條〉）

有涵養的人都能自尊自愛，有句話說得好：「自愛才能愛人，自度才能度人。」

有一位不論是財富、地位、能力、權力，還是美貌都無人能及的女士，覺得自己非常孤獨，連個談心的人都找不到。

有一天，鬱鬱寡歡的她來向無德禪師請教：「禪師，如何才能具有魅力，贏得別人的喜歡。」

無德禪師說：「如果施主能隨時隨地和各種人通力合作，並具有和佛一樣的慈悲胸懷，多講一些禪話，多聽一些禪音，多做一些禪事，多用一些禪心，那麼慢慢就能成為魅力四射的人。」

「大師，禪話怎麼講呢？」她疑惑地問。

無德禪師答道：「所謂的禪話，也就是說真實的話，說謙虛的話，說有利於別人的話。」

女施主又問道：「那麼禪音又是怎麼聽的呢？」

無德禪師回答說：「禪音就是把一切的音聲當作美妙的音聲，把辱罵的聲音轉為慈悲的祝福，把毀謗的聲音轉為幫助的祈禱。」

女施主繼續問道：「那麼禪事該怎麼去做呢？」

無德禪師慢慢地說：「禪事就是指布施的事，用慈善的心去做的事情，為別人服務的事，合乎佛法的事。」

女施主更進一步問道：「那麼你所說的禪心又該怎麼用呢？」

無德禪師答道：「我所說的禪心就是你我一如的心，聖凡一致的心，包容一切的心，普利一切的心。」

女施主聽後，如獲至寶。

從那以後，她不再炫耀自己的財富和美麗，對人謙恭有禮，對親戚朋友體恤關懷。漸漸地，她身邊的朋友多了起來，生活逐漸快樂了起來。

由此看來，人的魅力，來自於真誠與善良。在珍愛自己的時候，同時也會獲得別人的尊敬；愛別人的同時，也會獲得別人的愛。所以能不能快樂、能不能被別人愛戴，完全取決於你自己。生活就是一面鏡子，你怎麼待它，它就會怎麼回報你。

＊＊＊

謙虛躬行是做人有內涵的一種體現。

有一天，盤珪禪師讓一個侍者去買一批上等的紙料。這位侍者非常聰明，而且擅長辯論，但他有個毛病，那就是自負。也正是因為這個原因，盤珪禪師才把買紙料的任務交給了他，想借機會開悟他。

侍者仗著自己聰明，也沒有問盤珪禪師對紙料的要求就買了回來。

盤珪禪師看了後，冷冷地說：「這種紙料不行，你必須去重買。」

侍者非常不樂意，但是師父吩咐了，也只好服從。

等侍者第二次回來的時候，他想無論如何這次師父應該滿意了。誰知當他把重新買回來的紙料拿給師父看時，盤珪禪師冷冷地瞟了一眼，揮揮手說：「不行，不行，拿去重買。」

當時的交通非常不方便，路途又遙遠，侍者覺得師父太不通情理了，但是他又不得不去。等他再一次把買來的紙料給師父看的時候，盤珪禪師依然搖著頭說：「不行，不行，重買。」

於是侍者問道：「師父想要什麼樣的紙料，請告訴我，我重新去買，希望這次能夠讓師父滿意。」

盤珪禪師冷冷地說：「不行。」

侍者這才意識到自己的自以為是，趕忙向師父道歉。

盤珪禪師見狀，才緩緩地說：「其實你第一次買回來的紙料已經非常好了。我就是想讓你看到自己的缺點。」

淡定小語

自負容易讓人迷失自我，做人應該謙虛躬行，不要太過自負。自負的人鋒芒太露，容易遭到別人的攻擊和排擠，帶來不必要的麻煩。一定要破除心中的迷思，找回真正的自我，找到自己的位置。謙恭是一種真正的涵養，謙恭的人更堅定、更自信、更有自我，更能體現他的內涵。

讓煩惱不攻自破

有一份浩然正氣，加一份平心靜氣，煩惱自然不會來打擾你。任憑外界如何風起雲湧，你都會保持一份淡然的心情。

弘一大師對於世間上各種性格所引致的問題，提供了相應的修為方式：

- 以和氣迎人，則乖渗滅；以正氣接物，則妖氛消；以浩氣臨事，則疑畏釋；以靜氣養身，則夢寐恬。（《格言別錄》〈存養類・第21條〉）
- 輕當矯之以重，浮當矯之以實，褊當矯之以寬，躁急當矯之以和緩，剛暴當矯之以溫柔，淺露當矯之以沉潛，谿刻當矯之以渾厚。（《格言別錄》〈存養類・第22條〉）

世間人的煩惱都是來源於自身。人之所以痛苦，在於追求錯誤的東西。有三個信徒愁容滿面地去找無德禪師，想向他請教如何才能使自己活得快樂。

無德禪師得知他們的來意之後，說：「你們先說說自己活著究竟是為了什麼？」

甲信徒回答道：「我之所以活著，是因為我不願意死。」

乙信徒說：「我活著，是因為我想在年老的時候看到兒孫滿堂，享受其樂融融的晚年生活。」

丙信徒想了想道：「因為我要撫養一家老小，所以不能一死了之。」

無德禪師笑了笑說：「你們活著，要麼是由於恐懼死亡，要麼是為了等待享受天倫之樂，要麼是由於不得已的責任，而不是出於對生活的熱愛和對生活充滿了理想。人若失去了理想，是絕對不可能生活得快樂的。」

三位信徒聽了無德禪師的話後，面面相覷，不約而同地說：「那請禪師賜教，我們要怎樣生活才能真正獲得快樂呢？」

無德禪師回答說：「你們想得到快樂，那你們先告訴我，怎樣你們才能快樂呢？」

甲信徒不假思索地說：「我認為有錢就能快樂。」

乙信徒接著說道：「我認為有甜蜜的愛情就會快樂。」

丙信徒說：「我要是能有很高的名譽和地位就會快樂。」

無德禪師聽後，輕輕地搖了搖頭，說：「我明白了，你們之所以不快樂，是因為你們對快樂的理解並不正確。追求錯誤的東西，當然永遠也不會快樂。當你們真正擁有自己所追求的金錢、愛情、名譽以後，所有的煩惱和憂慮也會接踵而來。」

三位信徒聽後，不知所措，他們問：「禪師，請告訴我們該怎麼辦呢？」

無德禪師說：「你們先要改變思想觀念，有了金錢要學會布施才有快樂，有了愛情要學會奉獻才有快樂，有了名譽和地位要用來給大眾服務才會快樂。」

淡定小語

當你真正明白了其中的道理之後，才能發現自己活著的真正價值，才會真正明白生命的真諦，才會真正活得快樂。

逆境順境都淡定

成熟飽滿的穀子總是低著頭，越是真正有內涵和能力的人，越是低調、沉著、淡定從容。我們需要學會淡定從容地面對這個世界，學會淡定從容地生活，用知足淡定從容的心去面對一切得失。

關於如何平復心中怒氣，弘一大師寥寥數語點化得恰到好處：

- 逆境順境看襟度，臨喜臨怒看涵養。（《格言別錄》〈存養類・第24條〉）
- 聰明睿智，守之以愚。道德隆重，守之以謙。（《格言別錄》〈持躬類・第1條〉）

喜怒哀樂原來是由自己的心情而定的。快樂的門只為聰明的人打開，心中充滿怒氣和疑惑則永遠無法獲得真正的快樂。

有個小和尚總是憤憤不平，為什麼師父總是喜歡、偏袒其他師兄弟，而將自己放在一邊不管呢？天長日久，小和尚開始過得不快樂，而且做什麼事情總是失衡，不是說這個不是，就是埋怨那個不好，師父知道之後，跟他講了下面這個故事：

從前有一個叫不平衡的國家。在這個國家裡，所有的人都有一個特性，就是喪失了平衡感，不僅走路不能平衡，而且心態也是失衡的，所以人與人相處時天平總是會傾斜，矛盾不斷。

國王很苦惱，但是始終沒有辦法解決這些問題，只得整天忙著去處理那些失衡的事件。

不平衡國的國王在選舉時有一個傳統，在大選之日，人們會在懸崖中間搭起鋼索，只要能走過鋼索的人都可以成為國王的候選人。每當趕上大選，國內的人都緊張得要命，因為按照規定每一個城市都要選出一個代表來參加大選。

當時並不是所有的人都想得到這個機會，有的人甚至害怕得要死，因為他們自身的不平衡性很可能讓他們落入懸崖。

規定的日期快到了，其他城鎮都按時派出了代表，但是有一個城卻一直找不到適合的人選，人們根本不願意為了王位冒險，萬般無奈之下，城市的頭領找到了一個叫「臼隋亦」的人。臼隋亦是一個極易被別人說服的人，所以頭領才會找他，並找了各種讓他參加的理由，臼隋亦果然同意了。

當名單確認之後，國家開始派出專門的人幫他們訓練，並設置了各種保護措施。但是，臼隋亦卻沒有參加任何的訓練或練習，反而照常過他本來的生活。

大選的日子終於到了，但是在參賽前，很多人不是負傷就是摔死了，最後只剩下了三個人，其中就包括臼隋亦。

在決賽時，他們抽了順序，臼隋亦最後一個上場。除了臼隋亦，其他兩個人看起來很緊張，並在臉上流露了出來。

第一個上場的人顯然比第二個人要自信得多，因為在參賽之前他經過了無數次的訓練，他想這一次一定可以走過去。

但是第二個人卻很擔心，因為參賽前他曾無數次地從上面摔了下去，所以他深怕自己這次會送了命。

而臼隋亦呢？

還和平時一樣悠閒自得，而且還在賽場輕鬆地喝著熱茶。

同城的人都為他捏了一把汗，紛紛問他：「你怎能這麼悠閒？」

他說：「我知道得很清楚，我對走鋼索一竅不通，即使努力練習也於事無補，肯定會死，既然這樣，為什麼不睡好一點？為什麼不如往常一般地自在呢？」

終於輪到他上場了，但是現場的人都看傻了眼，他走得非常好！

沒有人敢相信這是事實。臼隋亦走到對面後，自己也嚇了一跳。

就這樣，臼隋亦成為了該國的新國王。事後，很多人向他討教祕訣，他說：「其實隨意就行了啊！當你向左邊傾斜時就向右一點，向右傾斜時就向左，就是這麼簡單。」

小和尚聽了故事之後頓悟。

淡定小語

生活和走鋼絲一樣，需要找到平衡，不流於極端。當我們痛苦時，就想想往日的美好；當我們付出而沒獲得回報，就想想曾經自己也得過別人的幫助；當我們認為自己一無所有，不要忘了還有一個高貴的靈魂。如果能用這種心態來生活，當走到某一扇門前，我們不用敲門，它自然就會自動打開。

不躁動才能應萬變

躁動總是讓人做出錯誤的決定，所以當遇到事情想要發作時，先控制一下自己的情緒，只有不急躁，保持冷靜才能應萬變。

弘一大師向俗家朋友談性情時曾說：

人當變故之來，只宜靜守，不宜躁動。即使萬無解救，而志正守確，雖事不可為，而心終可白。否則必致身敗，而名亦不保，非所以處變之道。（《格言別錄》〈持躬類·第14條〉）

人的躁動不安有時候是因為心中有鬼。心中無鬼，世則無鬼，人就會保持淡定。

在一座深山之中隱藏著一座寺廟，在這座古廟中，有一處偏僻的小屋，寺眾和香客都對這個小屋敬而遠之，原來這個小屋不但陰冷潮濕，而且時常鬧鬼，使來往掛單的客僧不能安心修行，所以只好將其擱置不住。

一天，有一位客僧前來掛單時，所有的客房都已住滿了，帶路的小和尚只好將他安排在那座傳說中的屋子裡，並對他說：「傳說這個屋子裡有鬼，經常出來嚇人，你一定要當心啊！」

這位客僧覺得自己經常四處雲遊，什麼鬼狐仙怪沒有見過，就對他說：「這裡的小鬼沒有什麼可怕的，要是它真的出來了，看我怎麼收拾它！」說完就進房休息去了。

晚些時候，又有一位客僧前來掛單，小和尚只好也把他帶到了這間小屋裡，也同樣囑咐他說：「這屋子鬧鬼，住的時候一定小心！」這位後來的僧人也是見多識廣之人，他對小和尚說：「好了，我知道了，要是有鬼出來我一定能降伏它。」

先進去的那位僧客正在打坐，等著鬼怪出來，聽見有人輕輕地敲門，以為是鬼怪出來了，所以就坐著沒動，沒想到那後來的僧人見門總是不開，便越發用力。一個使勁地敲，一個就是不開，兩個人就這樣僵持著。最後還是外面的僧人力氣大，把門撞開了。

裡面的僧人抄起門杠就打，二人一直扭打到天亮，才認出了對方。原來他們還是曾經在一起學佛法的舊相識呢，二人把自己疑神疑鬼的事情說了一遍，彼此又是道歉又是愧疚。

只要我們心中無鬼，世界也不會有鬼。人的思想和觀念對人的行為有很大的影響，只要心中淡定當然不會躁動不安。

力。

＊＊＊

淡定自若的人從來都不會孤立無援。這種援助來源於智慧，來源於人的定力和感召著。

有一天晚上，一個人做了一個奇怪的夢：在夢中，他和菩薩並肩在一個沙灘上行走著。天空中忽然閃現了他一生中的點點滴滴，他發現在每一個鏡頭裡，沙灘上都有兩對腳印，一對是他的，另一對是菩薩的。

當最後一個畫面劃過之後，他再次回頭看，卻發現那時沙灘上只有一對腳印，而且好多時候都是這樣！而且他還發現，那些日子剛好是他生命中最谷底、最難過的時候。

他很困惑，於是前去問菩薩：「您不是曾經答應過我嗎，您說您會尋聲救苦的，如果我發誓一生一世地追隨您，您就會一直在我身邊護佑我。但是為什麼我發現，在我生命中最難受、最痛苦的時候，沙灘上卻只有我的腳印而已啊？那時候您去了哪裡啊？」

他繼續痛苦地說：「我不明白，您那麼慈悲，為什麼在我最需要您安慰和幫助的時候，偏偏捨我而去呢？」

菩薩默默地聽完了他的抱怨後，溫和地回答說：「我當然惦記著你、護佑著你，而且始終都不曾離開過你！在那些你最困難、最痛苦的時候，你所看到的、僅有的那一對腳印，是我抱著你走時所留下的……」

淡定小語

我們在經歷人生磨難的時候，不要以為自己一直在孤軍奮戰，事實上，當我們靜下心來回頭看，就會發現，其實有很多人一直都在旁邊陪著我們。

放下虛妄修自身

一個人的身軀雖然只有六呎之長，雖然有生有死，但其實，苦的起源、苦的終止，與導向終止的道路全都在其中。你自己的樂土與你自己的地獄都在這六呎之軀裡，所以人要注重自身的修行。

弘一大師勸誡世人重視自身的修行：

心不妄念，身不妄動，口不妄言，君子所以存誠。內不欺己，外不欺人，上不欺天，君子所以慎獨。以虛養心，以德養身，以仁養天下萬物，以道養天下萬世。

（《格言別錄》〈持躬類・第19條〉）

無際大師是有名的得道高僧，當人們遇到困惑時，都會來尋求他的幫助。

一天，一個年輕人背著個大包袱，氣喘吁吁地上了山，他找到無際大師說：「大師，我非常孤獨，非常寂寞，常常被傷害，我現在感到生活是那麼沉重，祈求大師能幫助我解脫。」

大師微微一笑，說道：「施主，你的包袱裡裝的是什麼呢？」

年輕人痛苦地回答道：「包袱裡裝著我每一次孤獨時的煩惱、遭受失敗的痛苦，還有每一次受傷後的哭泣，就是因為它們，使我覺得生活如此絕望。」

大師什麼也沒說，站起身來，示意年輕人跟著他走。很快，大師帶著年輕人來到了湖邊，然後坐船到了湖的對面。

上岸後，大師對年輕人說：「施主扛著船上路吧！」

年輕人疑惑不解地問：「大師，你不是在開玩笑吧，船那麼沉，我怎麼可能扛得動呢？」

大師看著年輕人疑惑的眼神，笑著說道：「沒錯，施主，你是扛不動它。在我們過河的時候，船對我們來說非常重要，但是過了河，我們就要丟下船趕路，否則它就會成為我們的負擔。同樣，孤獨和寂寞以及痛苦和眼淚，使我們的生命變得豐富多彩，但是如果我們老是糾纏在這些不快樂當中，它們就會成為我們生活的負擔。」

年輕人低下頭若有所思。

大師接著說：「施主，放下吧，生命承受不起太多的負重。」

年輕人依言放下了包袱。

快樂。

他們繼續往前走，在趕路的時候，年輕人明顯輕鬆了很多。他終於體驗到了放手的快樂。

淡定小語

生活中，我們不要給自己太多的思想壓力，其實有很多壓力都來自於我們的內心。所以要懂得及時放下，才能體會到，放手後的生命原來如此輕鬆美好。

留一份鎮靜在心中

真正的勇者，該前進時就決不退縮，該退後時也決不魯莽；真正有膽有識的人，該出手時絕對不能退縮，不能有半點畏懼之心，他們總是那麼鎮靜。無論何時何地，內心的鎮靜才是真正的淡定。

淡定和鎮靜不但為世人所追求，也是佛門修煉的一門心法，只是他們善用佛法表達。弘一大師就對世人說過：

遇事只一味鎮定從容，雖紛若亂絲，終當就緒。待人無半毫矯偽欺詐，縱狡如山鬼，亦自獻誠。（《格言別錄》〈接物類・第4條〉）

有一年的年景特別不好，有良知的人都在想方設法籌集資金救濟窮苦之人，佛教界的人士也想做些善事，以感謝平日裡鄉親們的相助，於是請了戲班，希望募捐一些錢。演出當日，他們還請了附近寺院裡的僧人。

在這些僧眾中，有一個學僧剛入道沒有多久，他覺得僧人是不該看這些東西的，本不想去，但是住持要求所有人都得出席，他只能勉強跟著去了。在節目表演時，他緊閉著眼睛，正襟危坐，似乎周圍的一切都根本不存在。

表演中途，佛教界的代表出來招呼觀眾募捐，這位學僧站出來反對說：「我進來後就一直閉著眼睛，根本不知道在演些什麼，所以沒有必要捐助。」

代表一聽，樂呵呵地說：「如果是這樣的話，你應該比別人多捐一倍才行。」

學僧不解地問：「這是為什麼呢？」

代表解釋說：「別以為你不看不聞就無事了，主要的是心動了沒有。你沒有看表演，但是聽到人們的嬉笑，你一定會猜測，所以你在心裡已經看了、想了。」

淡定小語

能夠騙人的不只是眼睛、耳朵、嘴巴，還有心；而且，眼睛、嘴巴、耳朵只能騙你一時，但是心卻會騙你一輩子。所以，無論何時，我們都要誠實地面對自己內心的矛盾和汙點，不欺騙自己。

08

淡定在捨得之間

捨得既是一種處世哲學，也是一門做人做事的藝術。
捨與得就如水與火、天與地、陰與陽一樣，
是既對立又統一的矛盾體，
相吸相斥、相剋相濟，存於天地，存於人世。
能體悟捨得，便多了一份人生的淡定。

從容面對生死

面對生死，弘一大師的心情是何等平靜，態度何等從容。他憑藉佛學的智慧，想明白了生死的道理。從容來自智慧的頭腦，我們平常人也應該修一顆看淡生死的從容心。

讓我們透過弘一大師的演講，感悟大師對生死的通透見解：

古詩云：「我見他人死，我心熱如火，不是熱他人，看看輪到我。」人生最後一段大事豈可須臾忘耶。

今為講述，次分六章，如下所列。

當病重時，應將一切家事及自己身體皆悉放下，專意念佛，一心希冀往生西方。能如是者，如壽已盡，決定往生。如壽未盡，雖求往生而病反能速愈，因心至專誠，故能滅除宿世惡業也。倘不如是放下一切專意念佛者，如壽已盡，決定不能往生，因自己專求病癒不求往生，無由往生故。如壽未盡，因其一心希望病癒，妄生憂怖，不惟不能速愈，反更增加病苦耳。

病未重時，亦可服藥，但仍須精進念佛，勿作服藥愈病之想。病既重時，可以不服藥也。余昔臥病石室，有勸延醫服藥者，說偈謝云：「阿彌陀佛，無上醫王，捨此不求，是謂癡狂。一句彌陀，阿伽陀藥，捨此不服，是謂大錯。」因平日既信淨土法門，諄諄為人講說，今自患病，何反捨此而求醫藥，可不謂為癡狂大錯耶。

若病重時，痛苦甚劇者，切勿驚惶。因此病苦，乃宿世業障。或亦是轉未來三途惡道之苦，於今生輕受，以速了償也。

自己所有衣服諸物，宜於病重之時，即施他人。若依《地藏菩薩本願經如來讚歎品》所言供養經像等，則彌善矣。

若病重時，神識猶清，應請善知識為之說法，盡力安慰。舉病者今生所修善業，一一詳言而讚嘆之，令病者心生歡喜，無有疑慮。自知命終之後，承斯善業，決定生西。（〈人生之最後〉）

人們既然能參透生死，也不必執著於生活中的一些小事，人生在世，事事隨行就可以了。有這樣一個故事：

一次，一位富人請仙崖禪師為家族興旺寫些祝語，以便作為傳家之寶代代相傳。

仙崖禪師展開紙，寫道：「父死，子死，孫死。」

富人看了之後非常生氣，說道：「大師，我敬重您，請您寫些祝語，可是您為什麼會寫些詛咒的話呢？」

仙崖禪師解釋道：「假如你的兒子先於你離開人世，你將十分悲痛；假如你的孫子在你兒子的面前死去，那你和你的兒子都將會悲痛欲絕；假如你的家人一代一代地照我所寫的次序死去，那就叫享盡天年。我認為這才是真正的興旺。」

禪師認為，不管能否察覺到，人類的存在是不能與自然偏離的。

淡定小語

人生在世，一切皆為自然。事事隨行，何必苛求虛無的完美？人越是想強調自我，想達到一種不可能的完美，就越會偏離存在的中心。

思考才能得智慧

智慧來源於不斷地學習，不斷地思考，不斷地自省。只有懂得思考才能有更快的提升。

弘一大師在講佛的時候，對「學」和「自省」分別作了透徹地講解：

今且就余五十年來修省改過所實驗者，略舉數端為諸君言之。

余於講說之前，有須預陳者，即是以下所引諸書，雖多出於儒書，而實合於佛法。因談玄說妙修證次第，自以佛書最為詳盡。而我等初學之人，持躬敦品、處事接物等法，雖佛書中亦有說者，但儒書所說，尤為明白詳盡適於初學。故今多引之，以為吾等學佛法者之一助焉。以下分為總論別示二門。

總論者即是說明改過之次第：

一、學　須先多讀佛書儒書，詳知善惡之區別及改過遷善之法。倘因佛儒諸書浩如煙海，無力遍讀，而亦難於了解者，可以先讀《格言聯璧》一部。余自兒時，即讀此書。歸信佛法以後，亦常常翻閱，甚覺其親切而有味也。

二、省　既已學矣，即須常常自己省察，所有一言一動，為善歟，為惡歟？若為惡者，即當痛改。除時時注意改過之外，又於每日臨睡時，再將一日所行之事，詳細思之。能每日寫錄日記，尤善。

三、改　省察以後，若知是過，即力改之。諸君應知改過之事，乃是十分光明磊落，足以表示偉大之人格。故子貢云：「君子之過也，如日月之食焉；過也人皆見之，更也人皆仰之。」又古人云：「過而能知，可以謂明。知而能改，可以即聖。」諸君可不勉乎！（〈改過實驗談〉）

盡信師不如無師，人的智慧是思考得來的。

洞山良價禪師的剃度恩師是雲巖曇晟禪師，雖然他後轉到了南泉普願禪師座下悟道，但是每逢雲巖曇晟禪師忌日，他都會設齋上供。一次，當他為恩師忌日忙碌時，一個學僧問道：「禪師每年都會為雲巖忙碌，是因為在他那裡得了開示，所以才會如此盡心？」

洞山良價禪師答道：「雖曾在他座下受教，但不曾垂蒙指示。」

學僧不解地問：「既然是這樣，為何要設齋供奉他？」

洞山說：「我怎敢違背他呢？」

學僧又說：「你現在在南泉普願禪師處受教，完全可以不為雲巖設齋！」

洞山平和地回答：「我雖然沒有得到先師的道德佛法，但是只為他不為我說破這一點，就勝過父母。」

學僧接著又問：「禪師為雲巖設齋，是因為肯定他的禪風嗎？」

洞山答：「只能說一半肯定。」

學僧問：「為什麼會是一半呢？」

洞山答：「如果我全部肯定恩師的禪風，那就是辜負了他。」

這些道理，洞山良價禪師是在恩師圓寂之後，見到水中自己的身影才開悟的，並做了一首悟道偈：「切忌隨他覓，迢迢與我疏，我今自往，處處得逢渠。渠今正是我，我今不是渠，應須恁麼會，方得契如如。」所以他說感謝禪師沒有點破。

參禪悟道如果完全依賴師父就會失去自我，但是如果沒有師父的教導和指引，何能因見月？

豈止參禪悟道如此，這個道理同樣適用於我們的工作和生活。如果光靠他人的指點和幫助，就會失去自己的判斷力，當然如果沒有前人的指引，我們又會浪費很多沒有必要的時間，這就是禪師所說肯定一半的道理。

＊＊＊

人們除了要懂得思考，還有要懂得自省，對待生活要有自己的目標，並時時自省自己的行為是不是違背了這個目標。無德禪師為了給學僧多講解佛法，經常會舉行小尋時（應學僧的要求舉辦的座談會或者開示）。在一次小尋時上，他問學僧：「你們在我這裡參禪時日已經不短，不知你們可曾找到禪心沒有？」

一個學僧回答道：「禪師，我覺得自己找到了禪心，在沒有參禪之前，我是個以自我為中心的人，除了自己的事情，世間再沒有什麼值得我去關心和在意，可是現在我發覺世上的萬事萬物都要靠因緣才能成就，不再只妄想我與我所，並為之前的行為深深自責。」

無德禪師聽後微微一笑，示意其他的學僧繼續說。

另一個學僧說：「以前我評判事物的標準是：看得見、摸得著、享受得到，但是現在我的目光開始放得長遠，心胸開始變得開闊，我這樣算是找到禪心了嗎？」

無德禪師聽後依舊保持微笑的表情。

第三個學僧說：「從前我做事情總是會有所保留，能走五十哩路，一定只會走三十哩，但自參禪後，我總感覺自己的生命有限，無法去證悟永恆的法身，甚至恨不得不眠不食地求索，我想這也許就是禪心吧！」

第四個學僧說：「我以前很自卑，大小事情都處理不好，但是參禪以後，我發覺自己肩負著弘揚佛法的重大責任，全身充滿了力量，做事情也很自信了，我想這就是禪心。」

第五個學僧說：「我身材矮小，所以常常持有這樣的心理『天塌下來別人會頂著』，但自參禪以後感受到了爍迦羅心（堅固的意思）無動轉的信念，覺得自己突然變得高大起來，我想這也許就是禪心吧！」

無德禪師聽後，微笑著說：「看來你們都精進了不少，可是這些都只能是你們修行的法喜（自身在學佛過程中得到的快樂與自在的感受，是人性中流露出來的真實佛性的顯現），而非『禪心』，真正的禪心在於明心見性，好好精進修持吧！」

學僧們聽後，個個斂目內省，繼續去尋找禪心。

參禪是為了修習清空安寧的心，而想達到這個目的，需要學禪之人在參禪的過程中淨化身心。

參禪是這樣，做人亦是這樣。

淡定小語

人應該有自己的信仰和目標，要修煉和確立自己的價值觀和處世準則。人生的好壞成敗，關鍵在於自己如何定位和把握。人們要時時閉目自省，反觀自身。

智慧不在言詞

智慧不是滔滔不絕地自誇，不是貶低他人抬高自己，不是將別人的過失拿出來羞辱別人，不是掩飾自己的過失。智慧在人的心裡，不在這些愚蠢的表面行為中。

弘一大師闡釋改過遷善之要點時，特別提過四種和語言有關之事：

- 寡言：此事最為緊要。孔子云：「駟不及舌」，可畏哉！古訓甚多，今不詳錄。
- 不說人過：古人云：「時時檢點自己且不暇，豈有工夫檢點他人。」孔子亦云：「躬自厚而薄責於人。」以上數語，余常不敢忘。
- 不文己過：子夏曰：「小人之過也必文。」我眾須知文過乃是最可恥之事。
- 不覆己過：我等倘有得罪他人之處，即須發大慚愧，生大恐懼。發露陳謝，懺悔前愆。萬不可顧惜體面，隱忍不言，自誑自欺。（〈改過實驗談〉）

人的聰慧在於人的頭腦，而不在於舌頭。

元璉禪師最初拜在真覺禪師門下，負責廚房日常清理工作，但是他很用功，晚上經常會誦讀一些經書。

一天，真覺禪師問他：「你晚上都在做些什麼？」

元璉回答道：「誦讀《維摩經》。」

真覺禪師又問道：「經在這裡，維摩居士在哪裡？」

元璉無從回答，於是反問道：「那您能不能告訴我，維摩在哪裡？」

真覺回答道：「不論我是否知道，都不會告訴你！」

元璉聽後知道師父是讓他自己尋找答案，於是就辭別真覺禪師到處雲遊行腳，先後和五十餘名禪師親近過，但是仍然沒有開悟。

一天，他雲遊到了河南，於是順路去拜訪首山省念禪師，問道：「學人親到寶山，空手回去之時如何？」

首山省念禪師道：「拾取自定寶藏！」

元璉禪師頓悟，於是說道：「我不懷疑禪師們的舌頭。」

首山省念禪師問道：「此言何意？」

元璉回答道：「我也有舌頭。」

首山省念禪師聽後，高興地說道：「你已經悟出了禪的心要了。」

＊＊＊

舌頭人人都有，但是有幾個人能真正懂得舌頭的妙用呢？不要忽視語言的能量。語言的能量是無限的，有時一言可以興邦也可以喪邦。

人們喜歡與熟練掌握說話藝術的人交往，因為與這種人交談，是一種愜意的享受。所以掌握說話的藝術，做一個「會說話」的人，無論在什麼場合做什麼事，都會應對自如。

智慧在人的內心，而不在文字，文字只是一種表達智慧的工具，真正的智慧在於自己的領悟、創造和實踐。證悟禪師在與庵元禪師閒談時提到了蘇東坡的詩句「溪聲盡是廣長舌，山色無非清淨身；夜來八萬四千偈，他日如何舉似人？」並讚嘆道：「我覺得這首詩的前兩句很有氣勢，能寫出這首詩的人應該在禪理上頗有造詣。」

庵元禪師搖搖頭說：「禪師的見解貧僧並不同意，在我看來他只是個門外漢，裝腔作勢罷了！」

證悟禪師道：「我不明白禪師的意思，能否講解一下？」

庵元禪師說：「他離道還很遠呢！你還是在這待上一晚吧，也許可以明白其中的內涵。」說完之後，庵元禪師起身離去了。

證悟一夜未眠，輾轉反側，可是怎麼也想不透庵元禪師的話，不知不覺天已亮了，於是他起身走到窗邊希望新鮮的空氣可以排解他心中的悶氣。這時，遠處傳來了鐘聲，他恍然大悟道：「東坡居士太饒舌，聲色關中欲透身；溪若是聲山是色，無山無水好愁人？」

證悟禪師終於明白，很多事物是不能用語言來表達的，而是要用心去體會。如果有一點所得就用文字記錄下來，只會暴露自己是個門外漢。

淡定小語

任何人的思想或者覺悟都有可能是片面或者錯誤的，所以不要相信別人用文字表達出來的感悟，那也許只是拿來賣弄的工具，真正的道理是需要自己去領悟、創造和實踐的。

保持淡定清醒

喧囂之後是平靜，要保持清醒的頭腦，如果天地自然無法改變，就讓一切順其自然。

弘一大師修行多年，心胸寬廣是世人難比的，他告訴聽他講經的人：

「何以息謗？曰：無辯。」又云：「吃得小虧，則不至於吃大虧。」余三十年來屢次經驗，深信此數語真實不虛。（〈改過實驗談〉）

只有心無成見，待人才能無差別。

龍堂禪師經常到寺廟裡去給那裡的比丘尼講道，按照慣例，在布道完畢之後，他要和比丘尼一起討論，為他們解惑。一次，一位比丘尼問龍堂禪師：「禪師，要如何修行，下輩子才能轉成男相？」

龍堂禪師想了想問道：「你出家多久了啊？」

比丘尼回答說：「出家多長時間與未來有什麼關係嗎？我只想下輩子轉變成男相。」

龍堂禪師說：「那你現在是什麼呢？」

比丘尼不悅地說：「難道大師看不出來嗎？我現在是女眾。」

「你是女眾嗎？有誰能夠看出你是女眾呢？」龍堂禪師笑著說。

男女有別，是萬物的自然而成，世間的千差萬別又何嘗只有這一種呢？只有在心裡消除了差別，對待別人才能無差別。

＊＊＊

要認識自己，就多聽別人的教誨，但不要聽人的誹謗之言，也不要誹謗別人。

在溫州的淨取寺，有一個名叫玄機的比丘尼，他曾在大日山參禪。

有一天，他去參訪雪峰禪師。雪峰禪師學著六祖大師的口吻問：「你從哪裡來？」

玄機回答說：「我來自大日山。」

雪峰禪師繼續問道：「太陽出來了沒有？」

玄機想了想回答說：「如果太陽出來的話，一定會融化了雪峰。」

雪峰禪師問他日出沒有，意思是你開悟了沒有？玄機的的回答則是說，如果我開悟了，哪裡還有你雪峰呢？哪裡還要來問你呢？

雪峰禪師聽了，覺得小和尚雖然沒有開悟，但是回答得有點道理，於是繼續問道：「你叫什麼名字啊？」

小比丘尼回答說：「我叫玄機。」

雪峰禪師繼續問道：「日織幾何？」意思是，你每日是如何修行用功的？

玄機起初不知怎麼回答，但是想了想說：「一絲不掛。」意指已經解脫盡淨了。

雪峰禪師聽了，沒有再問下去。

玄機覺得沒有什麼收穫所以決定離開。當他走到寺廟門口時，雪峰禪師在後面大聲說：「玄機，你的袈裟拖在地下了！」

玄機一聽袈裟拖在地下，急忙回頭一看。

雪峰禪師哈哈大笑說：「好一個一絲不掛啊！」

淡定小語

做人不要自以為是，盲目自大，故步自封。要想清晰地認識自己，就要多聽別人的教誨，多向別人學習。只有這樣，才能成長得更加迅速，更加成熟。

捨棄繁雜見真諦

埋頭於繁雜的事物，心裡裝著繁瑣的小事，將永遠也無法擁有一顆清淨豁達之心。捨棄心中的繁雜，那份清透便如天籟之水注入心田。

弘一大師要人留意改過之難：

改過之事，言之似易，行之甚難。故有屢改而屢犯，自己未能強作主宰者，實由無始宿業所致也。（〈改過實驗談〉）

有時候，人們自己都不知道他們的行為是反著的，該看到的視而不見，不該看到的一眼望穿。

一次，佛陀拿著一顆摩尼珠問座下弟子：「你們仔細看看我手裡的這顆摩尼珠是什麼顏色的？」

弟子們看後，有的說是青色，有的說是黃色，有的說是赤色，還有的說是白色，各不相讓，於是七嘴八舌地討論起來。

佛陀看著弟子們微微一笑，並沒有說誰對誰錯，只是將手掌拳回，然後舒張開，再次問弟子們：「你們現在再看看這顆摩尼珠是什麼顏色？」

弟子們不約而同地向佛祖的手中看去，可是什麼也沒有看到，於是不解地問道：「佛陀，你手裡哪有什麼摩尼珠啊？」

佛陀掃視了一下弟子後，說：「我拿出世俗的摩尼珠給你們看，你們都能辨認出它的顏色，但是當我把真正的寶珠拿給你們時，你們卻視而不見，這是多麼可惜的事情啊！」

在現實生活中，我們往往也像故事中的弟子們一樣，該看到的偏偏視而不見，這也正是我們往往會錯過一些美好事物的原因。也正是有了這種視而不見，這個世界才會有遺憾，人生大抵就是如此吧！

＊＊＊

人的大腦就如同一個裝滿水的杯子，如果想要吸收新的思想，就要將舊的思想從水杯中倒出來。來看這樣一個杯水禪機的故事：

一天，一位信徒來向南隱禪師問禪，聽了信徒的來意後，禪師什麼也沒說，示意他坐下，然後命弟子打來了開水。禪師拿起茶杯沏茶，杯子本來就是滿的，可是禪師卻直接往裡面加水，任水不斷地溢出來。

信徒不明白禪師的用意，於是不解地問：「大師，茶水已經滿了，你為什麼還不停手呢？」

禪師聽後，極不情願地將水壺放下，看了看信徒說：「你的腦子裡現在裝的東西就像這杯水，都是以往沉澱在腦海裡的，我要想傳授你新的東西，你必須將它們都倒掉。」

淡定小語

杯子裡裝滿了舊水就不能再裝新水，人的腦子何嘗不是如此？腦子裡舊有的意識和經驗會排擠外界新傳遞來的資訊，新資訊就很難被接受。一個人要想獲得新的資訊和知識，就必須剷除之前的妄想和先入為主的思想。

無瑕美玉靠打磨

人們生來便受很多誘惑，或許通達世俗人情，卻掩蓋了自己的本性，如果要將璞玉一樣的天然靈慧展現於人，需要我們重新塑造自己。

弘一大師對上根之人有如此評價：

上根之人，雖有終身專持一句聖號者，而決不應排斥教理。若在常人，持名之外，須於經律論等隨力兼學，豈可廢棄。且如靈芝疏主，雖撰義疏盛讚持名，然其自行亦復深研律藏，旁通天臺法相等，其明證矣。（〈淨宗問辨〉）

大師的教誨讓人們銘記於心。人不但要能夠認知自己，還要懂得打磨自己。

一所寺院的監院師父來參加法眼禪師的法會，法眼禪師問他：「你來參加我的法會有多長時間了？」

監院說：「我參加禪師的法會已有三年了。」

法眼問道：「那你為什麼不到我的丈室來向我問佛法呢？」

監院答道：「不瞞禪師，我已從青峰禪師處領悟了佛法。」

法眼問道：「你是根據哪些話而領悟到的？」

監院答道：「我曾經問過清風禪師『怎樣才能真正的認識自己』？青峰禪師對我說『丙丁童子來求火』。」

法眼問道：「說得很好，但是你真正理解了這句話的含意嗎？」

監院答道：「這就是說凡事要反求諸已，因為丙丁屬火，以火求火。」

法眼回道：「你果然是不瞭解，如果佛法是你瞭解的那樣的話，它不會從佛陀傳承到現在。」

監院聽後，非常惱火，認為禪師看不起他，便氣憤地拂袖離開了。但是在途中他有了悔意：「法眼禪師是個知識淵博的人，而且現在是五百人的大導師，他對我說的一定自有其道理。」

於是他又回到原處，向禪師懺悔，並再次問道：「禪師，請問學佛的人真正的自己是什麼？」

法眼答道：「丙丁童子來求火。」

監院聽完，終於有所領悟。

我們在看問題、辨事情的時候，不要死鑽牛角尖，應該靈活和變通，對事物的認識應該隨著事物的變化發展而改變。只有這樣，才能獲得正確的認識，才會以正確的方法處理問題。人們只有有意識地對自己進行打磨才能對眼前的事有所領悟，洞悉真相。

＊＊＊

有些時候，人們是否像美玉一樣展現美好的本性，和他們所處的環境有關。從前，印度的國王飼養了一頭力大無比的大象，專門讓牠在戰場上衝鋒陷陣，有時候國王也會命牠去踩死犯人。

有一次皇宮發生了火災，大象的住所被大火燒毀，國王只好把大象安排到一個新的住處。

在大象的新住處附近有一座寺廟，所以大象常常能聽到和尚們念經，時間一長，大象的性情逐漸變得溫順，甚至起了慈悲之心。

有一天，國王要處決一名罪大惡極的犯人，於是命人將大象牽了過來，沒想到大象用鼻子輕輕地觸動了犯人幾下，就離開了。從那以後，凡是國王讓大象執行踩死罪犯的任務時，大象都是以這種方式來處理。

國王看見這種情況，非常詫異，於是召集滿朝文武大臣來想辦法。一個大臣說：

「大象的住所旁邊有一所寺廟，想必是大象經常聽和尚念經，心生慈悲，不願意殺生。如果將大象遷往屠宰場，讓他每天看屠殺的情景，過一段時間，大象就會恢復嗜殺的本性了。」

國王覺得非常有理，於是將大象牽到屠宰場，讓牠每天看著血淋淋的屠宰場面，沒過多久，大象果然又變得性情殘暴。

淡定小語

天下蒼生會因為環境的不同而產生善或惡的不同行為，動物尚且如此，人類也不例外。因此，我們要遠離邪惡的環境。只有遠離邪惡環境，身處善境，才能更容易展露出自己原本的真性情。

09

淡定地向前走

淡定指有泰山崩於前而面不改色的鎮定程度，它形容一種勇氣。
淡定又是一種思想境界，是一種心態，是生活的一種狀態。
我們每個人都需要這種心態，
在生活中才會處之泰然，寵辱不驚，
不會太過興奮而忘乎所以，也不會太過悲傷而痛不欲生。
以淡定的心態向前走，人生的路會越走越開闊。

給自己一份淡定心情

人們做事既不要被人牽著鼻子走，也要懂得善惡是非。只要有自己的主張，只要內心有衡量善惡的尺規，並不被外物摧毀，你就會一直擁有一份淡定的心情。

弘一大師在漳州七寶寺講佛的時候，曾以悲智為題點化眾生：

今案大菩提心，實具有悲智二義。悲者如前所說；智者不執著我相，故曰空也。即是以無我之偉大精神，而做種種之利生事業。

若解此意，而知常人執著我相而利益眾生者，其能力薄、範圍小、時不久、不徹底。若欲能力強、範圍大、時間久、最徹底者，必須學習佛法，瞭解悲智之義，如是所做利生事業乃能十分圓滿也。（〈佛法大意〉）

人要求得一份淡定心情，就不要被權威牽著鼻子走，這是改變不良習慣，實現良好建設的開始。

這是一位堅持內心禪法者的故事：大梅禪師研習了很多年的禪理，儘管他學習非常努力，但是收效甚微，一直沒能真正領悟佛法。有一天，大梅禪師前去請教他的師父馬祖禪師：「師父，請教誨我，什麼才是真正的佛？」

馬祖禪師想了想，回答說：「即心即佛。」

大梅禪師如醍醐灌頂，頓時恍然大悟。之後，大梅禪師離開師父，去弘揚佛法。

馬祖禪師聽說大梅領悟佛法，不太相信，他覺得大梅學了那麼多年佛法，也沒能悟出佛法的內涵，怎麼一下子說開悟就開悟了呢？於是馬祖禪師派弟子前去試探大梅。

弟子下山後，見到大梅禪師，問道：「師兄，師父到底教誨了你什麼話，讓你頓悟了呢？」

大梅回答道：「即心即佛。」

弟子說：「師父已經不再說『即心即佛』了！」

大梅非常驚奇地問：「那他現在是如何教誨別人的？」

弟子說：「師父現在教誨我們要『非心非佛』。」

大梅聽了以後，笑著說：「師父真是能折騰人，不是存心給我找麻煩嗎？我才不管什麼『非心非佛』，我依然堅持我的『即心即佛』。」

弟子回去把和大梅禪師交談的話告訴了禪師，馬祖禪師激動地說：「看來大梅真的是領悟佛法了。」

很多人總是會受他人的影響，把握不住自己，所以最終一事無成。人應該要有自己的想法，做一個自信、自主、自尊的人，不要人云亦云，被別人牽著鼻子走。

＊＊＊

人不僅僅要學會堅持自己的內心，還要分得清善惡是非，一旦被金錢利益等迷惑了心智，人生就會面臨失敗或者終結。來看看佛是如何點化他們的弟子懂得善惡的吧：

一天，佛陀與弟子們在外行化後，準備返回精舍。途中，有弟子問起什麼是善，什麼是惡。佛陀沒有回答，只是突然離開大道，轉而帶領眾僧避入草叢。

對於佛陀這樣的行徑，弟子們心裡非常納悶，於是有弟子問道：「世尊，我們為何捨去正路不走，反而行入草叢呢？」

佛陀回答：「前方有賊！走在我們後面的那三人將會被賊制伏。」

眾生一看，後方果然有三個人。而在前方不遠處，有堆黃金遺落於路邊，發著金光，十分耀眼。

後方那三個人其實是親兄弟，其中，老大和老三看起來比較老實，而老二看起來比較狡猾。

結果，三人行經此處，一見到閃閃發亮的黃金，不禁眉開眼笑，樂不可支。他們左顧右盼、東張西望，確定沒人看見後，便彎下腰撿拾這些黃金。

為了慶賀這個意外收穫，他們決定要好好慶祝一番。於是，大哥說：「老二，你跑得快些，去買一些酒菜回來，我們先吃飽喝足，再來分這些金子。你去買酒菜，應該多分一些金子的。」

老二高興地去了。但是同時他心中卻生起一個可怕的計謀，他想：「我如果在飯菜裡下毒，毒死大哥和三弟，不就可以獨吞金子了嗎？」

而此時大哥和三弟也在密謀，老二平日裡狡猾奸詐，實在不願意跟他分這些金子，如果將老二殺死，就可以多分一些黃金。

就這樣，三兄弟被黃金蒙蔽了良心，決定不顧情義，殺人分金。

老二帶著酒菜回來時，一路飄飄然地想著自己獨吞黃金的場景，沒有絲毫防範，結果被早有準備的老大和老三殺害。達到目的後，老大和老三高興地拿起酒就喝，並且大嚼飯菜。不稍片刻，二人就毒發身亡。

這時，佛陀問眾人，知道什麼是善、什麼是惡了嗎？貪財不僅帶來禍患，也蒙蔽自心，善惡是要靠自己去分辨的，因為生命掌握在自己手中。

淡定小語

別人幫助我們找到了方向，但是真正要行走，還得靠我們自己的腳。所以，面對善惡，要有正確的是非觀念；面對誘惑，要有正確的價值取向。自己的生命自己把握，自己的路要自己走。

以修佛之心修身

心是身體的主導，心裡怎麼想，身就怎麼行。人要降伏自己的身心，使自己成為自己的主人，但首先必須降伏自己的心，能夠降伏自己的心，身自然就聽話了。

大師講經時，教人們依照《法華經》所云，擺脫苦惱，修行自身：

因佛法是真能，說明人生宇宙之所以然。

破除世間一切謬見，而與以正見。

破除世間一切迷信，而與以正信。

破除世間一切惡行，而與以正行。

破除世間一切幻覺，而與以正覺。

包括世間各教各學之長處，而補其不足。

廣被一切眾生之機，而無所遺漏。……

如《法華經》云：「苦惱眾生一心稱名，菩薩即時觀其音聲，皆得解脫，以是名觀世音。約悲言也。」（〈佛法大意〉）

養身養的是一身輕鬆，修心修的是一份淡定，佛法在於點化世人破除謬見，以超然的心態面對生死。

有一個老婦人，她與兒子相依為命，生活得非常艱難，不幸的是，兒子無緣無故得了一種怪病，死了。老婦人痛不欲生。

鄰居幫著老婦人把兒子下葬後，老婦人哭著待在墳邊不肯離去，不吃不喝，好幾次哭昏在墳地裡。幾天下來，老婦人的身體虛弱，生命危在旦夕。

無奈之下，人們想到了廟裡的虛竹和尚，於是趕緊將虛竹和尚請來開導老婦人。

虛竹來到老婦人身邊問道：「你為什麼待在你兒子的墳前久久不肯離去呢？」

老婦人哽咽著說：「我就這麼一個兒子，只求和兒子一起離開人世。」

虛竹大師說道：「你想不想讓你的兒子活過來呢？」

老婦人一聽，頓時來了精神，欣喜地說：「當然想了，你真有辦法讓他活過來？」

虛竹大師說道：「我有個辦法，不知你想不想試一試？」

老婦人一聽，立即爬了起來，說道：「我願意試一試，只要他能夠活過來，讓我做什麼都行。」

虛竹和尚若有所思地說：「如果你能找來一炷香火，我就能用這炷香火為你的兒子續命。」

老婦人急忙問：「那究竟是什麼香火呢？」

虛竹慢慢地說：「這種香火只有從來沒有死過人的人家才有，你先去找吧！」

老婦人聽了虛竹大師的話後，急急忙忙上路了。

她來到一戶人家，敲開了門問道：「你家裡死過人嗎？」

「死過啊！」主人回答。

於是老婦人又敲開了另一戶人家的門問道：「你們家死過人嗎？」

「死過啊，不死那不成了妖精了。」這家的男主人笑著說。

就這樣，老婦人跑了很多人家，結果卻都得到相同的答案，她無可奈何地回來告訴虛竹大師：「我走遍了所有的人家，但就是沒找到一家有你說的那種香火，因為每家每戶都曾經死過人。看來這樣的香火我是取不來了。」

虛竹大師笑了笑說道：「既然是這樣，那你又為什麼為兒子的死而過度地傷心呢？」

聽完大師這番話，老婦人的失子之痛頓時化解了許多。

淡定小語

生老病死乃人類繁衍生息的法則，所以無需總是沉浸在悲傷裡。死亡對任何人來說都是必然的，關鍵在於對待死亡的態度，一味抱怨並不能改變現實，那麼最好還是接受，以淡定的態度來面對。

菩提之心是一種靈悟

常體般若生智慧，開發菩提得靈悟，菩提之心是一種靈悟之心。人越不為外物所擾，悟性越高，也就越發聰慧。

弘一大師曾為僧眾和善友們講解「發菩提心」的佛法要義：

「菩提」二字是印度的梵語，翻譯為「覺」，也就是成佛的意思。發者，是發起，故發菩提心者，便是發起成佛的心。為什麼要成佛呢？為利益一切眾生。須如何修持乃能成佛呢？須廣修一切善行。以上所說的，要廣修一切善行，利益一切眾生，但須如何才能夠徹底呢？須不著我相。所以發菩提心的人，應發以下之三種心：

一、大智心：不著我相。此心雖非凡所能發，亦應隨分觀察。

二、大願心：廣修善行。

三、大悲心：救眾生苦。

又發菩提心者，須發以下所記之四弘誓願：

一、眾生無邊誓願度：菩提心以大悲為體，所以先說度生。
二、煩惱無盡誓願斷：願一切眾生，皆能斷無盡之煩惱。
三、法門無量誓願學：願一切眾生，皆能學無量之法門。
四、佛道無上誓願成：願一切眾生，皆能成無上之佛道。

或疑煩惱以下之三願，皆為我而發，如何說誓願一切眾生？這裡有兩種解釋：一就淺來說，我也是眾生中的一人，現在所說的眾生，我也在其內。再進一步言，真發菩提心的，必須徹悟法性平等，決不是我與眾生有什麼差別，如是才能夠真實和菩提心相應。（〈佛教之簡易修持法〉，「二、發菩提心」）

菩提心要需懂得開悟，一個能夠開悟的人，領悟能力高了，認知層次高了，他自己就與以前不同了。

一個一度迷茫的青年找到禪師問：「大師，有一件事使我整夜都睡不好，我感到很迷惘，希望您能幫我指出一條光明的道路。」

禪師聽後，沒有說話，青年繼續說：「有人讚我是天才，將來肯定有所作為；也有人罵我是笨蛋，一輩子不會有多大出息。您怎麼看呢？」

禪師反問青年：「你是如何看待自己的？」

青年不知道如何回答，因為他從沒想過這個問題。

大師說：「譬如同樣一斤米，用不同眼光去看，它的價值就大不一樣了。在炊婦眼中，它只是能做兩三碗米飯的糧食；在農民看來，它就值一元錢；在賣粽子的眼中，包成粽子後，它可賣三元錢；在做餅者看來，它能被加工成餅乾，賣五元錢；在味精廠家眼中，它可提煉出味精，賣八元錢；在製酒商看來，它釀成了酒，可以賣到四十元錢。不過，米還是那斤米。」

大師頓了頓，接著說：「你就是你自己，無論別人把你抬得多高，你還是你；無論別人把你貶得多低，你也還是你。你究竟有多大出息，取決於你到底怎樣看待自己。」

青年聽後，豁然開朗。

＊＊＊

佛家度化眾生，就是要開啟他們的靈悟之心。只有開啟了一個人的靈悟之心，他才能誠心做事，不為結果所困擾。我們來看另外一個故事：

千利休是一休禪師的得意弟子，是日本茶道的鼻祖，社會地位尊貴。

有一次，一個叫上林竹庵的人邀請千利休參加茶會，千利休欣然答應了邀請，並帶眾弟子準時參加了茶會。

千利休的到來讓上林竹庵既高興，又緊張。

千利休和弟子們進入茶室後，上林竹庵親自為他們點茶。但是，由於過於緊張，他在點茶的時候手不停發抖，致使茶筅跌落，茶碗中的水溢出。

看到這不優雅的場面，千利休的弟子們在心裡偷偷地笑他。

可是，茶會結束後，千利休卻站起來讚嘆說：「今天的茶會實在太棒了，茶會主人的點茶技術真的很讓人敬佩！」

弟子們覺得師父有點口是心非，於是在回去的路上問：「師父為什麼要撒謊呢？那樣糟糕的點茶，你卻讚不絕口。」

千利休笑了笑回答道：「那是因為上林竹庵想讓我們喝到最好的茶，一心一意去點茶，沒有留意是否會出現其他的情況，這種心意很難得。」

淡定小語

對於茶道來說，不管多麼漂亮的點茶、多麼高貴的茶具，如果沒有誠心，就失去了意義。做人做事也是同一道理，只要認真做，結果成敗已不重要。這是一種悟性，也是人生中應有的智慧，讓人的生命更有價值。

人生沒有如果

人生從來沒有假設，假設如何如何那是對現狀的不滿或無法接受，是人們潛意識裡的一種退縮。如果誰希望求得避風港而獲得自保，那他就會被自己的這種希望摧毀。

佛法探究事物的真實和本來面目，弘一大師就佛法與其他信徒做交流，旨在說明佛法的真實：

哲學之要求，在求真理，以其理智所推測而得之某種條件，即謂為真理。其結果有一元、二元、唯心、唯物種種之說。甲以為理在此，乙以為理在彼，紛紜擾攘，相非相謗。但彼等無論如何盡力推測，總不出於錯覺一途。譬如盲人摸象，其生平未曾見象之形狀，因其所摸得象之一部分，即謂是為象之全體。故或摸其尾便謂象如繩；或摸象其背便謂象如床；或摸其胸便謂象如地。雖因所摸處不同而感覺互異，總而言之，皆是迷惑顛倒之見而已。

若佛法則不然。譬如明眼人能親見全象，十分清楚，與前所謂盲人摸象者迥然不同。因佛法須親證「真如」，了無所疑，決不同哲學家之虛妄測度也。

何謂「真如」之意義？真真實實，平等一如，無妄情，無偏執，離於意想分別，即是哲學家所欲探知之宇宙萬有之真相及本體也。夫哲學家欲發明宇宙萬有之真相及本體，其志誠為可嘉；但苦無方法，致罔廢心力，而終不能達到耳。（〈佛法十疑略釋〉，「三、佛法非哲學」）

無論是希望前進的人還是希望獲得避風港的人，都要懂得抓住現在。如果僅僅是希望找一個能逃避的地方，那就違背了佛法中萬物皆真實的本性。

相傳，一心大師剛剛遁入空門時，在法門寺修行參禪。法門寺是個大寺，香火非常旺盛，每天來燒香還願的人熙熙攘攘，這裡儼然不是參禪者所說的萬丈紅塵之外。

一心大師只想靜下心神參禪悟道，提高自己心靈的境界，可是寺裡的法事和應酬太多，根本沒有多少時間可以誦經。而且，一心大師漸漸發現，儘管自己潛心鑽研佛經多年，但是始終欠火候，和其他人相差甚遠。

身邊的人勸一心大師說：「法門寺名滿天下、藏龍臥虎，如果想在這裡出人頭地比登天還難。你不如到偏僻的小寺去專心潛行參禪，說不定有更大的收穫。」

一心大師覺得這話有一定的道理，至少現在這樣的生活他已經厭倦了。於是，他鼓起勇氣，向師父辭行，打算離開法門寺。

方丈聽了一心大師的話後，明白了他的意圖，於是問他：「你覺得太陽和燭火，哪個更亮呢？」

一心恭恭敬敬地回答說：「當然是太陽了。」

「那你是願意做燭火呢？還是願意做太陽呢？」方丈笑著問道。

一心不假思索地回答說：「我當然願意做太陽了。」

方丈聽完，微微一笑，說：「好吧，既然你願意做太陽，那麼跟我到寺後面的林子裡去一趟吧。」

法門寺的後山上，是一片鬱鬱蔥蔥的松林。方丈帶著一心穿過松林到了山頂，這裡只有一些灌木和零星的幾棵松樹。

方丈指著其中最高的一棵松樹對一心說：「你看看，它是這裡最高的一棵松樹，但是它能做什麼呢？」

一心仔細看了看，發現這棵松樹雖然很高，但是樹幹扭曲凌亂，亂枝橫生，根本派不上什麼大用場，他說：「像這樣的樹，沒有什麼大的用處，只能拿來當柴燒。」

方丈聽完，也沒有再說什麼。他又帶著一心來到了另外一片樹木，這裡樹木非常茂盛，每棵樹都筆直參天。剛走進去，一心就感覺到了一股無形的力量。方丈指著眼前的這片林子，問道：「你知道嗎，為什麼眼前的這些樹都直指向天呢？」

一心想了想，回答說：「大概是為了獲得更多的陽光吧。」

方丈語重心長地說：「芸芸眾生，莫不如此，像這些松樹一樣，為了爭得一滴雨露、一線陽光，都奮力向上、積極努力，所以長得茁壯挺拔，而那些遠離群體的樹木，因為沒有了這種努力的需要，因此才會亂生枝節。」

一心聽完後，明白了方丈的用意，慚愧地說：「師父，我明白了，法門寺就是我的這片樹木。」

後來，一心潛心苦修，終於成為一代名僧。

淡定小語

人在成長的過程中，總會尋找最佳的環境，但是，人的成長離不開磨煉，所以不管所處的環境多麼惡劣，都不要輕易屈服。如果你不能征服困難，那麼困難就會將你打垮。

給內心一片自由

世間人本來就活得不容易，既要承受種種外部的壓力，又要面對自己內心的困惑。為了緩解這種壓力，排除內心的困惑，人就需要修行自己的內心，給自己的心一片自由的天空。

弘一大師就「修佛是不是為了避世」這個常見問題，做出了「佛法非厭世」的回應：

常人見學佛法者，多居住山林之中，與世人罕有往來，遂疑佛法為消極的、厭世的，此說不然。

學佛法者，固不應迷戀塵世以貪求榮華富貴，但亦決非是冷淡之厭世者。因學佛法之人皆須發「大菩提心」，以一般人之苦樂為苦樂，抱熱心救世之弘願。不惟非消極，乃是積極中之積極者。雖居住山林中，亦非貪享山林之清福，乃是勤修「戒」、「定」、「慧」三學，以預備將來出山救世之資具（按：資源、工具）耳。與世俗青年學子在學校讀書為將來任事之準備者，甚相似。（〈佛法十疑略釋〉，「五、佛法非厭世」）

心寬世界就寬，心有多大，舞臺就有多大。一位前來拜師學道的修行之人問禪師：「師父，要怎樣才能丈量出心的大小呢？」

師父緩緩地說：「現在你把眼睛閉起來，在心裡面用你的意識去鑄造一根毫毛，記得要用一分鐘的時間造好。」

於是，修行人閉起了眼睛。一分鐘後，師父問道：「你心裡面的毫毛造好了沒有？」

修行人回答說：「造好了，我在心裡造的這根毫毛又尖又細，而且完全將它的形狀想清楚了。」

師父對他進行了一番表揚之後，又對修行人說：「現在你重新在心裡面造一座寶塔，記住也要在一分鐘之內完全塑造好。」

修行人又遵照師父的指示，閉上眼睛重新在心裡塑造了一座巍峨的寶塔，而且他將塔的形狀、大小、顏色，甚至哪個地方用琉璃瓦搭蓋，塔內的裝潢設計、擺設等，都想得清清楚楚、明明白白。

師父微笑著對他說：「現在，你該知道心到底有多大了吧！在同樣的時間內，既能塑造一根毫毛，也能造一座高樓大廈，所以心的大小，是完全可以掌控的。如果我們把心收縮得很小，那麼只能塑造毫毛；如果把心無限大地擴張，跟虛空、宇宙一樣浩瀚，我們的心就會變得無窮無盡，能承載任何事物。」

淡定小語

每個人的心都和佛陀的心一樣可以伸縮自如，我們要在平日裡擴大自己的心胸，包容天地，縱橫古今，那就是修行。但要切記，擴大心胸、構築人生，必須靠自己的努力去實現。

留一份善心與他人

心懷善念做善事是不求回報的，那是發自內心的真善美，是人性中褪去貪婪後的一種質樸。人在善惡之間做選擇的時候，要留一份善心給他人，留一份質樸的人性之美給自己。

弘一大師講法時論及行善布施：

常人見僧尼唯知弘揚佛法，而於建立大規模之學校、醫院、善堂等利益社會之事未能努力，遂疑學佛法者發棄慈善事業，此說不然。

依佛經所載，布施有兩種，一曰財施，二曰法施。出家之佛徒，以法施為主，故應多致力於弘揚佛法，而以餘力提倡他種意善事業。若在家之佛徒，則財施與法施並重，故在家居士多努力做種種慈善事業。」（〈佛法十疑略釋〉，「八、佛法非廢棄慈善事業」）

梁武帝是一代國君，卻一向篤信佛教，早已皈依佛門。他在全國修建大小佛寺二千八百多座，親手剃度的僧尼就有八萬兩千多人，組織文人學士翻譯佛經三百多卷。

普通年間（五二〇—五二七年），達摩大師來到中國傳播印度佛教禪學，梁武帝召見了他。

梁武帝問他：「我在江南建了那麼多座寺廟，度出家人數萬人，我的功德大不大？」

達摩搖頭說：「並無功德。」

梁武帝不解地問：「那麼怎麼才算有功德呢？」

達摩說：「持戒是工夫，得定、得清淨心是德，清淨心是工夫，開智慧是德，功德是戒定慧啊！你出一點錢，你的戒就得到了嗎？出一點錢你就得到定了嗎？出一點錢就開智慧了嗎？功德不是福德，出錢出力修的是福德，不是功德。如果出錢能夠幫助一個人得到戒定慧，那麼他的行為也是功德。如果不能，就只能算是福德。」

淡定小語

如果我們所做的善事中包含著執著、妄想，那就不是真正的行善。無私地關愛、幫助他人，無欲無求的行善，才是人性中最光輝的善，才是人們在靈魂深處做出的最質樸最真實的選擇。

內心寧靜才能致遠

寧靜的心境能使人冷靜處事。心平氣和能化解一切矛盾。人生道路上總會遇到許多不如意的事，是否能心平氣和地去化解，這取決於一個人的心境是否寧靜。

不管是出家人還是俗家人，保持一份寧靜之心才能順暢通達。弘一大師指出信仰佛法者並不是分取社會之利，而是「修心」能有利眾生：

近今經濟學者，謂人人能生利，則人類生活發達，乃可共用幸福。因專注重於生利，遂疑信仰佛法者，唯是分利而不生利，殊有害於人類，此說亦不免誤會。

若在家人信仰佛法者，不礙於職業，士農工商皆可為之。此理易明，可毋庸議。若出家之僧尼，常人觀之，似為極端分利而不生利之寄生蟲。但僧尼亦何嘗無事業，僧尼之事業即是弘法利生。倘能教化世人，增上道德，其間接直接有真實大利益於人群者正無量矣。（〈佛法十疑略釋〉，「九、佛法非是分利」）

據說在日本，農民被視為「賤民」，沒有社會地位，就連出家也是不允許的。有個叫做無三禪師的和尚，原本出身「賤民」，為了皈依佛門，假冒士族才實現了自己的願望。

無三禪師在寺廟裡潛心修行，淡泊名利，在住持去世後，被推任為新的住持。

世上沒有不透風的牆，無三禪師的賤民身分還是被人知道了，於是在舉行就任儀式的當天，有人出來刁難他：「賤民原本連做和尚的資格都沒有，而今怎麼配當寺廟的住持呢？」

在場的人誰也沒有料到會出現這種狀況，都站在那裡不知所措，大殿裡鴉雀無聲，面對這突如其來的發難，無三禪師微笑著說：「泥出蓮花。」

尷尬而僵持的局面被打破了，大家歡呼喝采，那個故意挑釁的人無言以對，心裡暗暗佩服無三禪師的機智和果敢。

這突如其來的意外，並沒有攪和就職儀式，反而增加了無三禪師的威望，眾人對他更加敬佩。

之後，有個剛出家不久的小和尚向無三禪師請教，什麼是「泥中蓮花」。無三禪師解釋說：「無論出身貧賤還是高貴，每一個人都有追求美好生活的權利，貧窮只能使那些沒有抱負的人沉淪，但卻能造就那些有志氣的人。」

淡定小語

生活容不得一點馬虎，要有真才實學，還要有一顆寧靜淡雅之心。一顆寧靜平和的心能征服外物，說服眾人，它才是人們所具有的最大力量。

讓心與事業融合

心有多寬，事業就有多大。一位歷經風霜雪雨、克服重重困難的成功者，他的心始終是和他的事業融為一體的，這是人們做事業的最高境界。

對於擔心佛法強調世間皆空而恐怕消滅人世的聲音，弘一大師也做出正論：

常人因佛經中說「五蘊皆空」、「無常苦空」等，因疑佛法只一味說空。若信佛法者多，將來人世必因之而消滅，此說不然。

大乘佛法，皆說空及不空兩方面。雖有專說空時，其實亦含有不空之義。故須兼說空與不空兩方面，其義乃為完足。

何謂空及不空。空者是無我，不空者是救世之事業。雖知無我，而能努力做救世之事業，故空而不空。雖努力做救世之事業，而決不執著名有我，故不空而空。如是真實瞭解，乃能以無我之偉大精神，而做種種之事業無有障礙也。

又若能解此義，即知常人執著我相而作種種救世事業者，其能力薄，範圍小，時間促，不徹底。若欲能力強，範圍大，時間久，最徹底者，必須於佛法之空義十分瞭解，如是所做救世事業乃能圓滿成就也。

故知所謂空者，即是於常人所執著之我見打破消滅，一掃而空，然後以無我之精神，努力切實作種種之事業。亦猶世間行事，先將不良之習慣等一一推翻，然後良好之建設乃得實現。

信能如此，若云犧牲，必定真能犧牲；若云救世，必定真能救世。由是堅堅實實，勇猛精進而作去，乃可謂偉大，乃可謂徹底。（〈佛法十疑略釋〉，「十、佛法非說空以滅人世」）

世上的任何東西，只要想發揮作用，就沒有單獨存在的東西，只有相融相通，才能構成一個整體而發揮作用。

那先比丘出言吐語，充滿了慧思靈巧，彌蘭陀王非常尊敬他。

有一天，彌蘭陀王問那先比丘道：「大師，眼睛是你嗎？」

那先比丘笑了笑，回答說：「不是！」

彌蘭陀王又問：「那麼耳朵是你嗎？」

那先比丘回答道：「同樣不是！」

「那麼，鼻子是你嗎？」

「也不是！」

「舌頭呢，舌頭是你嗎？」

「不是！統統不是。」

「那麼，這樣一來，真正的你就只有身體了？」

「不，色身只是假合的存在。」

「你的意思是說『意』才是真正的你？」

「也不是！」

彌蘭陀王最後問道：「既然眼、耳、鼻、舌、身、意都不是你，那麼你到底在哪裡呢？」

那先笑了笑，反問道：「陛下，窗子是房子嗎？」

彌蘭陀王一愣，勉強地回答說：「不是！」

「那麼，門是房子嗎？」

「也不是！」

「磚和瓦是房子嗎？」

「也不是！」

「那麼，尊敬的國王陛下，你是不是告訴我床椅、梁柱才是房子呢？」

「不是，也不是！」

那先比丘很安然地笑道：「既然窗、門、磚、瓦、梁柱、床椅都不是房子，也不能代表房子，那麼，房子在哪呢？」

彌蘭陀王頓有所悟！

淡定小語

世間上沒有單獨存在的東西，一切皆因緣而生，一切是自性空。所以，我們在想問題、做事情的時候，一定要用聯繫的觀點來思考，既想到此，還要想到彼。

10

智慧在高處，淡定在內心

低調之人淡定從容，
在功名利祿面前不爭不搶，在榮華富貴面前不奢不貪，
在金鼎玉食面前不鹹不淡，在成敗得失面前不喜不憂。
因為低調，平凡如你我者皆可以取得成功；
因為低調，成功人士也可以更進一步走向卓越。

好心態是大智慧

越是有能力有內涵的人，說話越是誠實而直接。這是一種良好心態的體現，也是一種大智慧，它能讓人們把更多的精力和時間用在更需要的地方，糾纏於小事是最不明智的做法。

對待眼前的事情誠心誠意去處理，不推拖、不怠慢就是良好心態的體現。做事情就像修佛一樣，針對修佛，弘一大師就曾說：

每日行一次或二次三次，必須至心誠懇，未可潦草塞責。印光老法師云：「有一分恭敬，得一分利益；有十分恭敬，得十分利益。」吾人修持藥師如來法門者，應深味斯言，以自求多福也。（〈藥師法門修持課儀略錄〉）

有一個小和尚整天悶悶不樂，於是去找師父開示，禪師給他講了一個故事：

一個黃昏，莊子信步來到城外的草地上，他覺得自己很久都沒有這樣自在了。

之前，他一直為無法被別人理解而壓抑痛苦，為了摒除心中的雜念，他想了很多辦法，希望只沉靜在自己的生活中。

他躺在草地上，微風中泥土和青草混雜的香味不時撲來，這時的莊子覺得放鬆極了，於是不知不覺地進入了夢鄉。

他做了一個奇怪的夢，在夢中他竟然變成了一隻自由自在的蝴蝶。他在花叢中快樂地飛來飛去，與花嬉戲，以湖水為鏡欣賞自己美麗的舞姿。

突然，他醒了過來，但是好長一段時間無法分清現實與夢境，良久之後，他不禁哀嘆道：「夢境無論多麼美好總歸是夢，夢醒之後莊子依舊是莊子。」於是他怏怏不快地回到了城裡。

可是有一天，他終於想明白了，自己又何嘗不是那隻自由自在的蝴蝶呢？自己如此苦悶，完全是因為自己心態的緣故，於是從此之後莊子變得快樂起來。

禪師對小和尚說：「你的快樂別人是不能主宰的，關鍵要看自己。」

小和尚頓悟。

心態能左右你的一切，包括成敗。

不要忽視自己的心態，更不要因為心態而使你成為失敗者。

淡定小語

同一件事情，抱有不同心態的人，取得的結果可能截然相反。改變自己的最好方法是，擁有積極健康的心態，拋棄那些消極危險的心態，將自己的弱勢變為優勢，或將自己的優勢充分發揮。

財富是無形的

財富和金錢不是同一個概念，人們之所以失意，是因為沒有看到自己擁有的大量財富。我們擁有親人的關懷；擁有朋友的包容；擁有路人的相視一笑，這些都是無形的財富。

弘一大師講經弘法時，將無形的財富一語道盡：

佛法本以出世間為歸趣，其意義高深，常人很難瞭解。若藥師法門，不但對於出世間往生成佛的道理屢屢言及，就是最淺近的現代人類生活亦特別注重。如經中所說：「消災除難，離苦得樂，福壽康寧，所求如意，不相侵陵，互為饒益」等，皆屬於此類。（〈藥師如來法門一斑〉，「一、維持世法」）

一個年輕人經常怨天尤人，抱怨自己時運不濟，於是找到無德禪師，希望可以得到開示。

無德禪師看見年輕人愁眉不展，問道：「施主，你為什麼不高興？」

年輕人嘆道：「我不知道為什麼自己總是那麼貧窮，佛祖真是太不公平了！」

「窮？但我覺得你很富有啊！」無德禪師不解地說。

「這從何說起呢？」

無德禪師避而不答，反問道：「如果我打斷你的一隻手，給你一千兩銀子，你答應嗎？」

「不答應！」

「那我用一萬兩買你的一隻眼睛，你願意嗎？」無德禪師又問。

「當然不願意！」

「假如把你變成一個快死的老頭，給你一百萬兩黃金，你同意嗎？」禪師接著問。

「堅決不！」

「這就對了。有一雙眼睛，你就可以學習；有一雙手，你就可以勞動；有美好的青春，你就可以奮鬥，這樣算起來，你也是個富翁了。」禪師微笑著說。

淡定小語

健康是無價之寶。身體是我們最大的資本，是一個人從事工作、學習和生活的有力保障，有健康才有希望，有希望才有一切。如果失去了健康，就算得到了全世界的財富也無福消受。

修養美德是智慧

培養美德勝過妖豔多姿的外表，美德是內涵，是高尚的情操，是無可比擬的智慧。人們想要培植美德成就自身，就不要讓外界環境成為你的絆腳石。

修養美德，就要自我約束，佛家稱之為「戒」。弘一大師說：佛法之中，是以戒為根本的。所以佛經說：「若無淨戒，諸善功德不生。」但是受戒容易，得戒為難，持戒不犯更為難。今若能依照藥師法門去修持力行，就可以得到上品圓滿的戒。假使於所受之戒有毀犯時，但能至心誠懇持念藥師佛號並禮敬供養者，即可消除犯戒的罪，還得清淨，不至再墮落在三惡道中。（〈藥師如來法門一斑〉，「二、輔助戒律」）

慧能禪師有一個弟子，只知每日打坐。

於是禪師問道：「能否告訴我，你為什麼終日打坐啊！」

弟子回答道：「師父，我在用心參禪。」

「可是參禪和打坐是兩碼事啊！」禪師不解地說。

弟子解釋到：「你不是經常教導我們說，要控制住容易迷失的本心，清淨地觀察一切，終日坐禪不可躺臥嗎？」

禪師微笑著說：「你會錯意了，打坐不是參禪，而是在虐待你的身體。」

弟子聽後迷茫了。

禪師繼續解釋道：「禪定不是打坐，而是一種狀態。這種狀態寧靜、清明，可以讓你的身心都離開塵世。如果你無法擺脫外界的干擾，內心不安而散亂，即使是終日打坐也於事無補。」

弟子問：「那麼要怎樣才能保持內心的清淨安寧呢？」

「不被外界物相迷惑困擾，心裡總是思量人間的善事，心念中就會只有善念，相反，你就會活得愚昧迷失。切記，心生智慧，處處都是樂土；心生愚癡，則處處都是苦海。」

清明和癡迷本就是形影相隨的孿生兄弟，都受人類意志的支配。其實人的本性都是清明的，很多時候人之所以會迷失自我，是因為受到了外界的干擾，讓心靈蒙上了灰塵。

生命的本源就是生命的終點，結局也就是開始，何必為了於己不利的外因，為自己添堵。心體澄澈，常在明鏡止水之中，則天下自無可厭之事；意氣和平，賞在麗日風光之內，則天下自無可惡之人。

＊＊＊

想讓心靈不荒蕪，就要修養美德；除去內心雜草，就要耕種美德。來看這樣一個故事：

弟子們圍坐在禪師的周圍，等待師父告訴他們人生和宇宙的奧祕。

可是禪師卻一直緊閉雙目，良久之後他問弟子：「你們有辦法將曠野上的雜草都除掉嗎？」

一個弟子不假思索地回答道：「用鏟子就可以了！」

禪師微微笑了笑，沒有說話。

另一個弟子說：「可以用火。」

禪師依舊是微笑不語。

第三個弟子說：「用石灰也許更好！」

禪師的臉上仍舊保持那副微笑的表情。

第四個弟子說：「你們的方法根本不行，斬草要除根，只有把根挖出來才是最好的辦法。」

禪師示意弟子們不用再爭論了，等他們安靜下來之後，說：「你們講的都有道理。從明天開始，你們把寺院後面的草地劃分成塊，然後按照自己的方法試著除去雜草，明年的這個時候我們再討論。」

轉眼一年過去了，弟子們再次聚在一起，寺院後面原來的雜草叢早已變成了金燦燦的莊稼。原來，他們用盡了各種辦法都沒有把雜草除掉，於是只好種上了莊稼。

而讓他們吃驚的是，從此雜草竟不再生長。

淡定小語

原來，除掉雜草的最好辦法就是種上莊稼。做人又何嘗不是這樣，想讓心靈不荒蕪，唯一的方法就是修養美德。

從容面對生活的磨礪

生活是公平的，人們在得到的時候也缺失了別的，所以不要被眼前的得失所牽絆，要禁得起生活的磨礪。萬物皆為我所用，但非我所屬。生命中的每個挫折、傷痛、打擊都有它的意義，我們應該坦然接受。

弘一大師教化世人以心智克服難處：

倘能於現在環境的苦樂順逆一切放下，無所罣礙，則固至善。但是切實能夠如此的，千萬人中也難得一二。因為我們是處於凡夫的地位，在這塵世之時，對於身體、衣食、住處等，以及水火刀兵的天災人禍，處處都不能不有所顧慮。倘使身體多病，衣食住處等困難，又或常常遇著天災人禍的危難，皆足為用功辦道的障礙。若欲免除此等障礙，必須兼修藥師法門以為之資助，即可得到藥師經中所說「消災除難離苦得樂」等種種利益也。（〈藥師如來法門一斑〉，「三、決定生西」）

萬物皆為我所用，但非我所屬，這是生命的一種磨礪。

種田正一本是日本大正、昭和時代的自由律俳句詩人，年幼時目睹了母親自殺的情景後，心靈埋下了陰影。不幸的是，長大之後他的弟弟和摯友又先後自殺，所以他的精神極其苦悶，加之後來生活困頓，於是也產生了輕生的念頭。

之後，他想盡各種辦法自殺，服毒、臥軌、跳海，但是都沒有成功。在一次臥軌不成之後，他灰心喪氣地來到報恩寺。見到住持之後，他講述了自己的經歷，並抱怨道：「生活對我太不公平了，我想死都不成，可是活著又實在沒有意義，不如你收留我吧！」

住持說：「既然你死不了，就證明我佛慈悲在拯救你。」

「既然這樣，你有辦法幫我嗎？要不你教我坐禪吧！或許我可以得到解脫。」種田正一說。

住持回答道：「即使坐禪也沒有用。」

種田正一說：「那你們為什麼還要坐。」

住持回答說：「就是因為沒有用才要坐。」

種田正一聽了住持的話後陷入了沉思，之後再也不曾產生輕生的念頭，並創作了下面的自由律：

躺在也許就此死掉的土上。
蟬聲，是否在找死所。
在生亡之間的雪下個不停。
一直走，走到倒下去為止的路邊草。
老是不死，所以剪指甲。
能安靜地死的樣子，草也枯了。
愈鳴愈短的蟲之命。
人活著不是為了用處，而是為了活著本身。每個人的價值，都是絕對的。只要接納自己，磨礪自己，給自己成長的空間，我們每個人都能成為「無價之寶」。

＊＊＊

有時候我們只有親身經歷才知答案，磨礪會讓人們對生活有所感悟。
一個年輕的僧人問行思禪師：「大師，生命的真諦是什麼啊？」
行思禪師微微笑了笑，沒有回答，只是問他：「市場裡的菜價漲了嗎？」
僧人開始沒有明白禪師的話，於是說：「大師，你答非所問，我不大明白。」
行思禪師說：「回去好好想想吧！」

年輕僧人苦思冥想了幾天之後終於頓悟：「生命的真諦其實就在日常生活之中。」

又有一個僧人來向行思禪師問道。

禪師問他：「你從哪裡來啊？」

僧人答：「從曹溪六祖師父那裡來！」

行思禪師接著問道：「你來時帶了什麼東西沒有？」

僧人搖搖頭，然後又抖了抖身子，意思是說我已經毫無身外之物，已經看破了。

行思禪師嘆了一口氣，說道：「唉！你其實根本沒有看破，只是流於形式罷了，你不是還帶來了很多泥土嗎？」

僧人反問道：「眾人都說你知道人生的真諦，你可以告訴我嗎？」

行思禪師回答道：「即使告訴了你又有什麼用處呢？你連自己的本性都把握不住，追求人生真諦又有什麼用處呢？」

幾天之後，又來了一個僧人，行思禪師照例問道：「你從哪裡來？」

僧人回答道：「從曹溪六祖那裡來！」

於是禪師繼續問道：「你來時帶來什麼東西沒有？」

「我在去曹溪求法之前，沒有失掉什麼東西，所以也就不曾帶走！」

「既然如此，那你去曹溪幹什麼呢？」

「我去印證，如果不是去曹溪，我就不會知道人生的一切奧祕都在我自己心中，也就不會知道自己根本不缺少任何東西。」

這個和尚就是後來的石頭禪師。

淡定小語

很多事情光是靠憑空想像沒有絲毫的意義，只有親身經歷了，才知道是不是正確的。這就是生命的磨礪，只有從容走過，眼前才會是一片新的天地。

保持天性中的智慧

人們有一種天然的智慧，只是一路走來被生活磨礪得所剩無幾，所以我們才會覺得辛苦。人若有一顆自然之心，便能保留一份天性中的智慧，讓人生更加從容而豐富。

弘一大師講經時，對人們的天然智慧做如是說：

若欲成佛，其主要的原因，即是「悲智」兩種願心。藥師經云：「應生無垢濁心，無怒害心，於一切有情起利益安樂慈悲喜捨平等之心。」就是這個意思。前兩句從反面轉說，「無垢濁心」就是智心，「無怒害心」就是悲心。下一句正說，「捨」及「平等之心」就是智心，餘屬悲心。（〈藥師如來法門一斑〉，「四、速得成佛」）

釋迦牟尼為了開悟弟子，給他們講了一個故事：

有一個商人先後娶了四個老婆，第一個老婆為人處事機靈圓滑，並時刻陪伴在他身邊，就像是他的影子；第二個老婆是他搶來的，花容月貌，身邊的人都很羨慕他；第三個老婆善於操持家務，讓他無後顧之憂；第四個老婆每天忙忙碌碌，但是商人卻不知道她在忙什麼，所以很多時候都會忘記還有她的存在。

一次商人要出遠門了，但是旅途十分辛苦，所以他決定選一個老婆陪他同行。於是他將四個老婆召集在一起問：「我要遠行，你們誰願意跟我同行？」

第一個老婆一改常態說：「我是不會陪你去的，你還是找其他人吧！」第二個老婆說：「別忘記我可是你搶來的，所以不會陪你去受苦的！」第三個老婆說：「我向來身體不好，所以無法承受路途顛簸之苦，就不隨你去了，但是可以送你到城外。」第四個老婆說：「你放心吧，只要你需要，我隨時會在你身邊！」

聽完老婆們的話後，商人感慨道：「到了關鍵時刻才能看到人心啊！」

說完這故事，釋迦牟尼對弟子們說：「你們現在明白了吧，那四個老婆其實就是你們自己。第一個老婆是肉體，肉體最終是會與你分開的；第二個老婆是金錢，很多人一輩子都在為它奔忙，可是到頭來無法帶走它；第三個老婆是自己的妻子，雖然生前可以同甘共苦，但是死後還是會分開；第四個老婆是指人的天性，你可以忽視它，但是它卻始終對你不離不棄，無論你處於何種境界，它都不會背叛你。」

淡定小語

天性永遠與你相隨，所以人要保持自己的天性，生活才會有單純的快樂。

放低心態，吸納智慧

地低為海，人低為王，只有放低自己的心態，才能看到他人的成就，才能吸納別人的智慧。

弘一大師在演講時，說過一個佛為老比丘穿針引線的故事：

佛在世時有老比丘補衣，因目昏花，未能以線穿針孔中，乃嘆息曰：『誰當為我穿針？』佛聞之，即立起曰：「我為汝穿之。」（〈常隨佛學〉，「六、佛自為老比丘穿針」）

佛都能將心態放低，何況我們這些平凡之人呢？放低心態，是一種大智慧。

一個年輕人滿懷失望地來到少林寺，對住持方丈釋圓和尚說：「我一心一意想學丹青，但至今沒有找到一個能令我滿意的老師，為此我非常苦惱。」

釋圓和尚笑了笑說道：「你走南闖北也有十幾年的時間了，真的就沒能找到一個讓你佩服的老師嗎？」

年輕人重重地嘆了口氣說：「這十幾年裡，我尋訪過很多的名師大家，但是他們幾乎都是徒有虛名之徒，我親眼見過他們的畫，畫技實在是不敢恭維啊，有些甚至還不如我呢，你說讓我怎麼拜他們為師呢？」

釋圓和尚聽了，淡淡一笑說：「老納雖然對丹青一竅不通，但是平時頗愛收集名家精品。既然施主的畫技比那些名家要略高一籌，那麼還請施主不吝賜教，為老納留下一幅墨寶吧。」說著便吩咐旁邊的小和尚取來了筆墨紙硯。

釋圓和尚繼續說道：「老納平生最大的嗜好，就是品茶，對那些造型流暢古樸的茶具情有獨鐘。施主可否為我畫一個茶杯和一個茶壺，以滿足老納的喜好呢？」

年輕人聽了傲慢地說：「這有何難，對我來說猶如探囊取物。」

說罷，年輕人調了一硯濃墨，鋪開宣紙，寥寥數筆，一個傾斜的水壺和一個造型典雅的茶杯便躍然紙上，而且水壺的壺嘴正徐徐吐著一縷茶水，緩緩地注入茶杯之中。

年輕人畫完後，問釋圓和尚：「大師，你覺得這幅畫如何，還滿意嗎？」

釋圓和尚微微一笑，搖了搖頭，說道：「施主的畫確實不錯，但是施主卻把茶壺和茶杯的位置顛倒了，茶杯應該是在上面，茶壺應該在下面才對呀。」

年輕人聽了，不禁哈哈大笑起來：「大師為何如此糊塗？要是茶壺放在茶杯的下面，如何能將茶水注入茶杯呢？」

釋圓聽了，說道：「原來施主並不糊塗，懂得這個道理啊！你渴望丹青高手的香注入自己的杯子，但你總是把自己的杯子放得比茶壺還要高，你想想香怎麼可能注入你的杯子裡呢？只有把自己放低，才能得到一脈流水。一個人只有把自己的位置放得低一些，才能從別人那裡吸納到智慧和經驗。」

年輕人頓悟。

如果一個人老是盯著別人的缺點和錯誤不放，那麼他的眼裡看到的只能是令他不滿的現象。有了偏見，又怎麼會發現別人身上的優點呢？

淡定小語

在學習和工作中，一定要擺正自己的態度，放正自己的位置，謙虛誠懇地向別人請教，只有這樣，才能發現自身的缺點和不足，才會真正地瞭解自己，檢討自己，改正缺點。

抓住當下的幸福

很多人總是容易在生活中患得患失，為過去的所作所為後悔，為將來的生活和目標愁苦鬱悶。其實只有抓住當下才能投入地生活，只有投入地生活才能真正體會生活的幸福所在。

弘一大師曾引普陀印光法師〈復永嘉論月律師函〉中所說：「凡夫之心，不能無依，而娑婆耳根最利，聽自念佛之音亦親切。但初機未熟，久或昏沉，故聽鐘念之，最為有益也。」（〈勸人聽鐘念佛文〉）

佛家擅長以故事點化那些暫時無法開悟的人們。來看這樣一個故事：

有一座香火旺盛的寺廟，香客每天絡繹不絕。大殿橫梁上的一隻蜘蛛，天長日久受香火的薰陶，漸漸有了佛性。一轉眼，一千年過去了，蜘蛛的悟性提高了不少。

一天，佛祖問蜘蛛：「你在這裡受了千年的香火也算是前世修來的造化，我問你個問題吧，考考你的悟性如何。」

蜘蛛高興地答道：「能夠得到佛祖的指點，是我的造化。」

佛祖問：「你覺得世間最珍貴的是什麼？」

蜘蛛想了想，回答：「是『得不到』和『已失去』。」

佛祖聽後只是微微一笑，離開了。

轉眼又一千年過去了，蜘蛛依舊在橫梁上修行，悟性又提高了不少。

一日，佛祖又問蜘蛛：「還記得我一千年前問你的問題嗎？你現在是否有了新的感悟呢？」

蜘蛛依舊回答道：「我依舊覺得是『得不到』和『已失去』。」

佛祖說：「你再好好想想，我會再來找你的。」

轉眼又一千年過去了。

突然刮了一場大風，一滴甘露被吹到了蜘蛛網上，蜘蛛見甘露晶瑩透亮，頓生愛慕之意，於是久久凝視著甘露出神，心中升起了無限的歡喜。可不久之後，甘露又被風帶走了，蜘蛛覺得悵然若失。

於是佛祖問蜘蛛：「你覺得世間最珍貴的是什麼？」

蜘蛛還沉浸在失去甘露的痛苦中，於是隨口答道：「『得不到』和『已失去』。」

佛祖無奈地說：「既然你依舊是這樣的認識，不如帶你到人間走一遭吧！」

蜘蛛投胎做了官宦人家的小姐，父母給她取名為「珠兒」。

一晃，十六載過去了，珠兒變成了亭亭玉立的少女，經常被召進宮裡，陪伴長風公主玩耍。

一天，皇上在宮中宴請新科狀元郎甘露，珠兒也被請入宮中。甘露在席間吟詩作賦，文筆和才華都很出眾，在場的所有少女都被傾倒了。珠兒並沒有在意身邊少女們的歡呼，因為她知道這是佛祖賜給她的因緣。

一日，珠兒陪母親去上香，在寺院碰到了甘露和他的家人，兩位長者在拜過佛後到一邊話家常了，珠兒和甘露閒來無事，於是到走廊上歇息。

珠兒開心地問甘露：「你還記得十六年前的事情嗎？」

甘露很詫異，說：「珠兒姑娘看來聰慧過人，但是未免有點異想天開。」說罷，便轉身離去了。

珠兒很傷心，佛祖既然安排了這段姻緣，卻又為何讓甘露對我視而不見呢？

幾天後，皇帝下詔，賜婚給新科狀元，新娘是長風公主，並命令珠兒和太子芝草也擇吉日完婚。珠兒聽到這個資訊後，如五雷轟頂，她怎麼也想不明白佛祖為什麼會這樣安排，在接下來的幾日，珠兒茶不思飯不想，人日漸消瘦。

太子芝草得知珠兒的情況後，馬上趕來探望，看著病榻上奄奄一息的珠兒，他哭道：「那日，我對你一見傾心，發誓非你不娶，如果你死了，我必定不會苟活。」說完拔出了寶劍要自刎。

這時佛祖出現了，他對奄奄一息的珠兒說：「你太執迷不悟了，你想想甘露是誰帶來的？是風，也是風將他帶走了，所以甘露是屬於風的，他對你來說不過是一道美麗的風景而已。而芝草是當年廟前的一棵小草，他仰慕了你三千年，但是你卻從沒有低頭看它一眼。蜘蛛，你現在想想，世間最珍貴的是什麼！」

蜘蛛恍然大悟，於是回答道：「佛祖，之前是我太癡妄了，世間最珍貴的是眼前的幸福。」

佛祖微笑著離開了，珠兒和太子芝草緊緊地擁抱在了一起。

如果說愛情是源源不斷的小溪，緣分則是偶爾投到溪水中蕩起陣陣漣漪的石子；如果說愛情是一道美麗的風景，緣分則是偶爾光顧的浪跡四方的旅人。有緣人自會發現，無緣者任他尋千百度也會錯過。

淡定小語

很多時候，愛情是可遇不可求的，有緣則聚，無緣則散。愛情在動靜之間，緣分在聚散之間。

簡樸中自得智慧

簡樸是人生高貴的智慧，這種智慧中飽含著一份珍惜之情。懂得珍惜的人是快樂的，從心智上來說，他們比別人擁有的更多。

對於「珍惜」二字，佛語稱為「惜福」。弘一大師就「惜福」一詞，為我們講述了他小時候是如何懂得惜福的，同時，他的這段回憶也表達了他對惜福的深刻理解：

「惜」是愛惜，「福」是福氣。就是我們縱有福氣，也要加以愛惜，切不可把它浪費。諸位要曉得，末法時代，人的福氣是很微薄的；若不愛惜，將這很薄的福享盡了，就要受莫大的痛苦。古人所說「樂極生悲」，就是這意思啊！我記得從前我很小的時候，我父親請人寫了一副對聯，是清朝劉文定公的句子，高高地掛在大廳的抱柱上，上聯是「惜食，惜衣，非為惜財緣惜福」。哥哥時常教我念這句子，我念熟了，以後凡是臨到穿衣或是飲食的當下，我都十分注意，就是一粒米飯，也不敢隨意糟蹋掉。而我母親也常常教我，身上穿的衣服，當時時小心，不可損壞或汙染。正因為母親和哥哥怕我不愛惜衣食，損失福報，以致短命而死，所以常常這樣叮囑我。

諸位可曉得，我五歲的時候，父親就不在世了！七歲我練習寫字，拿整張的紙瞎寫，一點不知愛惜。我母親看到，就正顏厲色地說：「孩子，你要知道呀，你父親在世時，莫說這樣大的整張的紙不肯糟蹋，就連寸把長的紙條，也不肯隨便丟掉哩！」母親這話，也是惜福的意思啊！

我因為有這樣的家庭教育，深深地印在腦裡，後來年紀大了，也沒一時不愛惜衣食。就是出家以後，一直到現在，也還保守著這樣的習慣。諸位請看我腳上穿的一雙黃鞋子，還是民國九年在杭州的時候，一位打念七佛的出家人送給我的。若諸位有空，可以到我房間裡來看看，我的棉被，還是出家以前所用的。又有一把洋傘，也是民國初年買的。這些東西，即使有破爛的地方，請人用針線縫縫，仍舊同新的一樣了。不過，我所穿的小衫褲和羅漢草鞋一類的東西，卻須五六年一換。除此以外，一切衣物，大都是在家時候或是初出家時候就有的。

從前常有人送我好的衣服或別的珍貴之物，但我大半都轉送別人。因為我知道我的福薄，好的東西是沒有膽量受用的。又如吃東西，只生病時候吃一些好的，除此以外，從不敢隨便亂買好東西吃。

惜福並不是我一個人的主張，就是淨土宗大德印光老法師也是這樣，有人送他白木耳等補品，他自己總不願意吃，轉送到觀宗寺去供養諦閑法師。別人問他：「法師，你為什麼不吃好的補品？」他說：「我福氣很薄，不堪消受。」

印光法師，性情剛直，平常對人只問理之當不當，情面是不顧的。前幾年有一位皈依弟子，是鼓浪嶼有名的居士，去看望他，和他一道吃飯。這位居士先吃好，老法師見他碗裡剩落了一兩粒米飯，於是就很不客氣地大聲喝斥道：「你有多大福氣，可以這樣隨便糟蹋飯粒！你得把它吃光！」

諸位，以上所說的話，句句都要牢記！要曉得，我們即使有十分福氣，也只好享受二三分，所餘的可以留到以後去享受。諸位或者能發大心，願以我的福氣，布施一切眾生，共同享受，那就更好了。（〈青年佛徒應注意的四項〉，「一、惜福」）

淡定小語

「惜」是愛惜，「福」是福氣。就是我們縱有福氣，也要加以愛惜，切不可把它浪費。

像佛一樣親力親為

自己勞動無關於身價高低。其實人根本就沒有什麼身價，一切都只是虛幻的光環而已。物質條件、權力地位都是外在的東西，它們能抬得起你，就能摔得痛你。我們應該像佛一樣勤於勞動，凡事親力親為。

弘一大師肯定「習勞」的實踐，分享過許多佛的勞動故事：

「習」是練習，「勞」是勞動。現在講講習勞的事情：

諸位請看看自己的身體，上有兩手，下有兩腳，這原為勞動而生的。若不將他運用習勞，不但有負兩手兩腳，就是對於身體也一定有害無益的。換句話說：若常常勞動，身體必定康健。而且我們要曉得：勞動原是人類本分上的事，不惟我們尋常出家人要練習勞動，即使到了佛的地位，也要常常勞動才行，現在我且講講佛的勞動的故事：

所謂佛，就是釋迦牟尼佛。在平常人想起來，佛在世時，總以為同現在的方丈和尚一樣，有衣鉢師、侍者師常常侍候著，佛自己不必做什麼；但是不然，有一天，佛看到地下不很清潔，自己就拿起掃帚來掃地，許多大弟子見了，也過來幫掃，不一時，把地掃得十分清潔。佛看了歡喜，隨即到講堂裡去說法，說道：「若人掃地，能得五種功德。……」

又有一個時候，佛和阿難出外遊行，在路上碰到一個喝醉了酒的弟子，已醉得不省人事了；佛就命阿難抬腳，自己抬頭，一直抬到井邊，用桶吸水，叫阿難把他洗濯乾淨。

有一天，佛看到門前木頭做的橫楣壞了，自己動手去修補。

有一次，一個弟子生了病，沒有人照應，佛就問他說：「你生了病，為什麼沒人照應你？」

那弟子說：「從前人家有病，我不曾發心去照應他；現在我有病，所以人家也不來照應我了。」

佛聽了這話，就說：「人家不來照應你，就由我來照應你吧！」

就將那病弟子大小便種種汙穢，洗濯得乾乾淨淨；並且還將他的床鋪，理得清清楚楚，然後扶他上床。由此可見，佛是怎樣的習勞了。佛決不像現在的人，凡事都要人家服勞，自己坐著享福。這些事實，出於經律，並不是憑空說說的。

現在我再說兩樁事情，給大家聽聽：彌陀經中載著的一位大弟子——阿㝹樓陀，他雙目失明，不能料理自己，佛就替他裁衣服，還叫別的弟子一道幫著做。

有一次，佛看到一位老年比丘眼睛花了，要穿針縫衣，無奈眼睛看不清楚，嘴裡叫著：「誰能替我穿針呀！」

佛聽了立刻答應說：「我來替你穿。」

以上所舉的例，都足證明佛是常常勞動的。我盼望諸位，也當以佛為模範，凡事自己動手去做，不可依賴別人。（〈青年佛徒應注意的四項〉，「二、習勞」）

淡定小語

佛絕對不像現在的人，凡事都要人家服勞，自己坐著享福。佛是常常勞動的。我們也當以佛為模範，凡事自己動手去做，不可依賴別人。

淡定的智慧
弘一大師的處世心法，活出安然自得的人生

作　　者｜弘一大師 原典；慶裕 整理

副 社 長｜陳瀅如
總 編 輯｜戴偉傑
主　　編｜李佩璇
行銷企劃｜陳雅雯、張詠晶
封面設計｜兒日設計
內文排版｜簡至成
印　　刷｜呈靖彩藝有限公司

出　　版｜木馬文化事業股份有限公司
發　　行｜遠足文化事業股份有限公司（讀書共和國出版集團）
地　　址｜231 新北市新店區民權路 108-4 號 8 樓
電　　話｜(02)2218-1417
傳　　真｜(02)2218-0727
Email｜service@bookrep.com.tw
郵撥帳號｜19588272 木馬文化事業股份有限公司
客服專線｜0800-221-029
法律顧問｜華洋法律事務所　蘇文生律師

三　　版｜2024 月 9 月
三版 5 刷｜2025 月 9 月
定　　價｜420 元

ISBN　9786263147164　（平裝）
EISBN　9786263147171　（EPUB）

歡迎團體訂購，另有優惠，洽：業務部 (02)2218-1417 分機 1124

國家圖書館出版品預行編目 (CIP) 資料

淡定的智慧：弘一大師的處世心法，活出安然自得的人生／弘一大師原典. -- 三版. -- 新北市：木馬文化事業股份有限公司出版：遠足文化事業股份有限公司發行，2024.09
288 面；14.8×21 公分
ISBN 978-626-314-716-4(平裝)

1.CST: 佛教修持 2.CST: 生活指導

225.87　　113011242